天下文化

BELIEVE IN READING

U0025200

1、2：張善政的父親，畢業於中國第一所官辦高等學府國立北洋大學，喜歡新奇事物，愛玩相機，也研究建築設計，家族三代都是工程人，張善政自幼遺傳了父親的好奇心。

3、4：張善政的母親，畢業於臺南州立第一高等女學校（今台南女中），氣質出眾，是當時少數擁有高學歷的女性，從小對張善政疼愛有加，影響張善政極深。

1	2
3	4

5：張善政的祖父張廣珍（右 1），為中國第一批接受現代化高等教育的知識份子，畢生從事鐵路工作，張善政從小熱愛鐵道，即受其祖父影響。圖為張善政（左 2）上成功嶺受訓當天，祖父為其送行。

6：張善政生長在本省與外省聯姻的家庭中，父母感情融洽，在飽滿的關愛中長大，讓他對人對事都充滿同理心。

5
6

7、8：張善政回台任教後結識太太，生性質樸的他，結婚時沒有大肆宴客，選擇當時仍不普遍的公證結婚。

7
8

9：三代同堂的全家福照。

10：張善政婚後與太太育有一子，家人感情融洽，兒子目前在國外攻讀大氣科學博士學位。

11：張善政與太太感情深厚，近年張善政假日前往花蓮務農，太太都會隨行照顧。

9	
10	11

12
13
14

12：1993 年，張善政放棄台大穩定的教職，籌備國家高速電腦中心，為台灣資通訊和科技產業奠下重要基礎。其後方為巨大的高速電腦主機。

13：2000 年，張善政離開政府部門，接受施振榮、黃少華邀請，籌設安碁資訊，成功開拓電腦備援和資安服務業務。

14：2010 年，張善政被 Google 挖角，擔任亞洲硬體營運總監，負責整個亞洲和澳洲的營運。照片為張善政主持香港雲端機房動土儀式。

15：土木的訓練使張善政既能宏觀全局，亦能微觀細節，有效掌握各項政策的方向與執行。照片為其視察南溪壩水庫。

16：2016 年 2 月 1 日，張善政受命接任行政院院長，雖是看守內閣，他仍堅守崗位、推動重要政策，堅持做到最後一分鐘，給大眾勇於任事、勤政愛民的印象。

17：張善政（左 2）往往親臨沒有折衝、迴旋空間的第一線，直接承受民眾的反彈，認為只有走下雲豹戰車，才能看到人民甘苦的眼淚。 2018 年 8 月卸任後仍南下嘉義縣東石鄉，涉水勘災慰問村民。

16
17

18、19：張善政為讓高齡父母安心養病，十年前在花蓮壽豐鄉買了一塊地，至今每逢假日都會前往務農，享受簡樸的田園生活。

20：張善政在花蓮農地飼養了兩隻流浪犬，兩犬與之感情深厚，經常隨側在身，陪伴他務農。（吳錦勳攝影）

18	19
20	

做事的人（增訂版）

張善政的斜槓探索人生

張善政——著
吳錦勳——採訪撰文

新版序

讓桃園重開機：五十萬公里的緣分

張善政

二〇二二年的五月十八日，我接受國民黨徵召參選桃園市長。這對我來說，是人生斜槓的又一次大轉彎，也是再續與桃園未了的前緣，回到曾經打拚過的地方。這一次，該我義無反顧的回饋它。

過去數年，我一面賡續善科基金會的公益科普教育，一面假日在花蓮壽豐，和家人朋友做開心農場的僕人，徜徉在農場裡割草、種樹，享受汗滴落土的勞動之樂。這幾年，幾百株的台灣肖楠、土肉桂等，從青苗茁壯為綠樹成蔭。大自然生生不息的饋贈，正是我鄉野務農最大的回報。

原以為人生斜槓至此返璞歸真，以此自終，故在接受徵詢參選之初，並未馬上應允。且當時黨內人才濟濟，許多青年才俊及在地朋友皆已表達參選意願，還會需要我嗎？一度陷入躊躇不前的心境。

這幾年民進黨對內遂行類威權、壟斷國家資源、打擊異己，對外使兩岸關係嚴重倒退，連帶壓縮台灣國際生存空間、企業投資及農漁民的生計。我冷靜分析當前局勢，是否還能獨善其身、置身事外？不論是回應在地民心的期待，或桃園正處於關鍵發展階段等事實，都催促著我做出正面積極的決定。

關注桃園近幾年發展，發現儘管民調施政滿意度高、許多重大建設拔地而起，但卻也面臨市地空間變賣殆盡、財政負債累累等狀況。因此，我決定接下挑戰，發揮「科技善政」解決問題的專長，希望為桃園、台灣再做一點事。

我有信心做一位好市長

這本《做事的人》描述我從求學到返國任教、進入政府與企業、再回到政府的歷程。這些難得的資歷不僅充實我的人生與眼界，更有助於將未來桃園市長的工作做好。尤其在宏碁任職期間，承蒙施振榮、黃少華董事長的器重，賦予我建設五十億元雲端資料中心與幫宏碁開創網路服務的任務。這是這輩子首次接受「做生意」的挑戰！我深深體會：面對客戶時，他不在乎你是美國名校博士、台大教授，只在乎你是否瞭解他的需求，能交付他喜歡的服務。跟客戶互動不是單向的老師教導學生，是在交心、搏感情，讓客戶信任你，最後願意買單你的服務。

我突然體會參選市長，也是要放下身段，傾聽鄉親的心聲，讓鄉親相信你的誠信，相信你可以建設他理想中的城市，而願意買單（投你一票）。開悟後，我對自己成為一位好市長充滿信心。就像我曾是民調很高的行政院長，沒有辜負民眾期待；也像我當初為宏碁創設的雲端與網路服務部門（安碁資訊），如今已獨立成為「宏碁小老虎」之一而上市，沒有辜負長官的期待一般！

「理工人」本色，以孫運璿院長為典範

我自詡是「解決問題的科技善政」，在斜槓的人生過程中，運用理性的科技思維，冷靜地面對問題，這是我在學校、企業乃至政府做事時的一貫風格。我深知自己非表演型的候選人，而是直率的理工人。在我進入政府部門服務後，一直以孫運璿院長為學習典範，不循私、不拉幫結派，只有推心置腹、不分顏色的好友，卻沒有所謂的「班底」，若要我為了選舉把自己變成譁眾取寵的政客，我做不來。

真實投入選戰後，種種的政治攻防有如槍林彈雨。我很清楚，這些紛擾只是過程中的考驗。考驗再艱鉅，也不能模糊掉目標：如何讓桃園鄉親生活更好？如何讓年輕人在桃園看得到機會、找得到工作、買得起住房？如何打造桃園成為宜居城市？這些，不正是我們競選公職該有的初衷嗎？

桃園就是我的「此心安處」

確定參選目標後，我再度回到與桃園「緣分的起點」——工作十幾年的龍潭，與鄉親座談，就像回到家般熟悉。「此心安處就是故鄉」，我意識到不時神往的龍潭，也是連結我生命的故鄉，從接受徵召參選的那一刻起，桃園就是我的「此心安處」。

仔細回想在龍潭的十二年，再加上之前在竹科的七年，經常奔波於新竹、桃園與台北間。當時北二高與五楊高架尚未完工，中山高塞車乃是常事，避之唯恐不及。所以幾乎每天奔波於浪漫台三線上，從新竹、竹東到關西、龍潭再到大溪。十九年，開了兩部車子，合計里程竟然也超過五十萬公里！

在探訪地方鄉親的過程中，令我最欣喜的是，鄉親從有些生疏地叫我「張院長」，到拍肩握手親切地叫我「善哥」，那種宛如厝邊頭尾的熟悉呼喊，是多麼親切！

「拚，桃園善好！」我做得到！

我的名字中有「善」，與台語中的「上好」唸來十分類似，因此以「桃園善好」做為競選 slogan。在為桃園擘劃的施政藍圖中，提出三大政見主軸，期望打造桃園成為台灣最有發展潛力的城市：

多元包容的文化故鄉：期望結合多元文化、科技與人文，讓客家、閩南、外省、原住民、新住民各族群的文化得以充分彰顯，族群以自己為傲，也相互尊重、欣賞、共榮。

幸福宜居的生態家園：桃園兼具城鄉、海隅、山巔部落的特色，還有獨特「千塘之鄉」的美名，星羅棋布的埤塘已被文化部列為世界遺產潛力點，要努力維護自然生態環境，為豐富多元的埤塘文化注入新生命。還要藉勢發展便捷交通、鼓勵青年成家、加強托育與長輩健康照護，建設安居無虞的防災體系。

低碳數位的科技新都：桃園正蓄勢待發，在此奠定新世代數位基礎的關鍵時刻，要積極打造數位起飛跑道，讓產業技術升級、推動永續 ESG、規劃超級城市，朝新一代的智慧城市大步邁進。

期待未來

對於工作過十二年的桃園，再加上五十萬公里的情緣，竟然讓我在「壯世代」之年重新回到桃園的懷抱。這本書的撰寫人作家吳錦勳兄曾這樣描述我——

觀察在張善政一生中，在不同的時期，分別扮演了教授、工程師、科技人、資訊長、院長、農夫、公益推動者（至今仍可延長這份名單）……每一條斜線（Slash）不僅做為一次職涯，更展現他的價值觀和終極關懷。他不斷跨界，不斷歸零重開機，可以說是現今流行「斜槓青年」最早原型。

「他讓我最佩服的是，每個角色他都全力以赴，做什麼，像什麼，而且不必預演，終究關關難過，關關過！」張琦雅說。

錦勳兄觀察到我人生職涯上永不停止的征程，但可能沒有料到，我竟然有一天會成為桃園市長候選人。桃園市長，是我人生非常重要的一塊拼圖，有待桃園鄉親的成全。

讓世代共榮的未來、科技善政的未來，從桃園開始！改變台灣，從桃園開始！

出版者的話

真能把事做對的科技領袖——張善政

高希均

（一）專業標準出書

以傳播進步觀念為己任的「天下文化」，自一九八二年以來，先後出版了實際參與改變國家命運與台灣發展重要人士的近百種著作。這些人士都是廣義的英雄，他們或有英雄的志業，或有英雄的功績，或有英雄的失落。在發表的文集、傳記、回憶錄中，這些黨國元老、軍事將領、政治人物、企業家、專家學者，以歷史的見證，細述他們的經歷軌跡與成敗得失。出版政治人物的書，就他們所撰述的，我們尊重；如果因此引起的爭論，我們同樣尊重。我們的態度是：以專業水準出版他們的著述，不以自己的價值判斷來評論對錯。天下文化很高興四月出版了張善政的第一本書：《做事的人：張善政的斜槓探索人生》。

這段話，是我們出版政治人物著述時，對讀者的重要交代。

（二）出現了一位科技領袖

做為一個現代知識份子，我曾提出要擁有四項特質：「科技腦、人文心、中華情、世界觀」。創造台灣過去半世紀經濟奇蹟的功臣，如尹仲容、嚴家淦、孫運璿、李國鼎、趙耀東，都是最佳的例證。

沒有現代科技，就沒有現代社會。當然不是每個人都要做科學家或工程師，但至少要學習「科技人」的思維方式及工作態度：嚴謹、實證、創新、擇善固執、目標導向。一九九〇年代以後的台灣，民主選舉興起，法政背景的人才也冒出。其間只有斷續地借重過劉兆玄、毛治國等幾位科技人才。此刻居然有一位科技人挺身而出，要以無黨籍身分參選總統。他就是既熟悉又陌生的張善政。

科技人出身的張善政，從台大土木系畢業後，赴美取得史丹佛土木與環境工程碩士、康乃爾土木與環境工程博士。一九八一年學成歸國，先後擔任了七年的台大教授，後轉任國家高速電腦中心主任，接著轉往企業界，擔任宏碁與Google高層主管。二〇一二年放棄高薪受邀轉向公部門，由政務委員、科技部長、行政院副院長、到二〇一六年二月擔任了一〇九天的行政院長。正是這三個月的閣揆，使各界更聚焦地看到了他的溝通能力、決策品質，及超越藍綠的氣度。

二〇一六年秋天在「華人企業領袖遠見高峰會」上，我們贈送「遠見傑出領袖獎」，讚賞張善政先生樹立了科技人從政的風範。

（三）能做對事，也是快樂農夫

在「人才不肯擔任公職」「政客才想進政府」的惡性循環下，這位擁有跨界經歷的大學教授、企業領袖、政府首長，卻是十分平易近人。從他的理性邏輯來說：角色調換了，薪資調降了，責任加重了，是那麼地理所當然。在現實社會中，真是不易找到這樣一位「做什麼，像什麼」的專才與通才。認識他的朋友很羨慕他，十年前居然在花蓮買了一塊地，每逢週末假期，就回去做一、兩天快樂的農夫。他有時難免苦笑：「抽時間回花蓮不容易，但能買到火車票回去更不容易。」

引述書中的一段話「當前很多政客忙著揮灑政治香水，讓人亢奮；或是扮演意識型態的吹笛人，蠱惑人心，對比之下，張善政一直以來專注於解決問題，拋掉意識型態糾纏。」

「當初南部爆發大規模的登革熱、寒災、農損與地震等，有心機的政客可能會想到中央與地方是不同的政黨，行動上可能會保留，但張善政專注在解決問題的本身，而非其後政治效應的算計。全力協助地方度過難關，也獲得正面的評價。」

實事求是，善於規劃，目標導向，使命必達，是工程師科技人的專業性格。前述三位台灣經濟起飛的首長：孫運璿、李國鼎、趙耀東，都擁有一流的科技腦、一肩挑的執行力、一心完成的使命感。當前的張善政有實力與潛力對國家做出更多的貢獻。

二〇〇〇年後的台灣，在民主浪潮中，國家領導人都有強烈的法政背景，善於言詞、辯論、操作、算計；但怯於實幹、苦幹。動聽的選舉支票，無法兌現、落實。民眾希望政府要做的，常常落空；不希望政府做的，處處出現。

（四）難得的驚喜

本書執筆者吳錦勳是一位思考縝密的資深作家。台大哲學系以及留學德國的訓練，使他能展現分析的廣度與深度。他已寫過幾本重要人物的書：包括張榮發、嚴長壽、吳清友等，均獲好評。

錦勳花了一年的時間與張善政一起訪談。這真是做作家的幸運。在他筆下，張善政從鍛鍊自己，充實自己，到回國獻身學術、企業及政府的具體貢獻，都有生動的紀錄。

對讀者來說，是張善政善用的專業知識，是他全力投入的工作熱情，是他處理政策時的大公無私，是他博學又親切的個性，以及週末假日花蓮小農的場景，會使選民感到難得的驚喜。

（作者為遠見・天下文化事業群創辦人）

二〇一九年三月

採訪者序

建設明天的國家工程師

吳錦勳

做事人的國度

長長的斜坡，張善政揹著十幾公斤的割草機，賣力跨步，緩緩走入及腰的長草堆，拉了幾下開關，伴隨馬達狂烈運轉，調整好角度、站定，他熟練地擺動著刀片，雜草瞬間傾倒成堆。

他一開工往往就五、六個小時，汗水浸透衣褲，鏡片濛著一層霧氣。中間空檔，他卸下機器，脫除衣帽面罩，坐在草坡一邊喝水，一邊瀏覽前方綿延的海岸山脈。隔著遠遠的距離，小鎮喧囂滲過來，塵煙靄靄、涼風習習，兩列火車在鐵道緩緩滑動，瞬間交會又分開……眼前的一切全是他最佳的獎賞。

這近十年間，他總在公務之餘搭火車來到這裡，做些他口中「顧樹」和「除草」的工作。將近四千坪的山坡農地，分區種植土肉桂、柑橘、芭蕉、波羅蜜、南瓜等等，近二十幾種果樹蔬菜。初春時分，一對大冠鷲盤旋低空、嗚悠、求偶。早年栽植的小樹苗，如今比人還高，麵包樹挺拔濃密、肖楠鬱鬱成林，銀葉閃閃。

沐在春風裡，人的心情很快便沉澱下來。過去近十年來，幾無例外，張善政不管公務多忙、壓力多大，每星期他總要來這裡放空——這也是張善政由天地吸收創新靈感的重要時刻。這是屬於鐮刀與鋤頭的土地，屬於耕耘與收穫的疆域，也是這位「做事人」的國度。

國家的工程師

張善政年輕時就戀山，親炙台灣之美，至今仍不忘徜徉在大自然懷抱，而且打從內心對土地懷抱真摯的情感。他只有在買地之初，請人在農路上噴過一次除草劑，之後就完全不用了，他說：「畢竟是自己的地，噴藥後有點『捨不得』的感覺，加上後來鑿井取水，就更用心保護土地的潔淨！」

俄國文豪托爾斯泰在《安娜．卡列尼娜》第一句就寫道：「幸福的家庭大抵相似，而不幸的家庭則各自有各自的故事。」（Happy families are all alike; every unhappy family is unhappy in its own way.）拉高到國家的層次，那些不幸的國家又何嘗沒有自己扳纏不清的歷史、棘手的難題，甚至無解的恩仇……長期以來，台灣一直陷在藍綠的內耗當中，人心不安浮蕩，每次新政府上台，國家就重新開機，似乎無論哪個黨派都改不了這種悲運——unhappy in our own way。

有一回，張善政在山坡地割草，劃傷了一尾蛇，牠負傷奔逃間，還來不及看清，大冠鷲瞬間俯衝而下，叼走那條蛇。這是個弱肉強食的食物鏈，國際間的權力傾軋又何嘗不是？台灣猶如巉岩絕壁夾縫之間，漂在湍急激流的小舟。面對危機叢生的險局，一旦又失去舵手和方向感，那麼前途將更難逆料。

理想上，一位領導者的最高境界是，今天的國家都得到適當的治理，而他需要治理的是「明天的國家」。過去這幾年間，這一位割草種樹的男人，透過勤奮與努力，一步步形塑出獨特的「科技善政」風格，他只想全心全意努力做出對國家、人民有益的事情。

他之所以「捨不得」台灣繼續沉淪，如同不捨農地被殺草劑毒殺。或許我們不缺彌勒佛，也不缺救世主，而是缺少願意低頭流汗，建設明天的國家工程師，一位挽起衣袖「做事的人」。

第三部

探——科技

第四部

聚——人氣

序章

緩步險峰行

其實，一旦登上山，就已然沒有退路。心想應該快到了吧？結果還有第二段、第三段……什麼時候可以爬到「上面」？終於走到「上面」，一看，啊，還有「更」上面！最後我領略到：前進、前進、一步步前進，前面還有路，就值得走下去。

「我們征服的不是高山，而是自己。」（It is not the mountain we conquer but ourselves.）

上個世紀五〇年代，紐西蘭出生的登山家艾德蒙・希拉蕊（Edmund Hillary），與尼泊爾嚮導丹增・諾蓋成為史上首度成功登上聖母峰頂的人類，他感慨萬千地說了這句名言。

但是，愛山的我，每次登頂的感受更像是走入山的胸懷，沒有誰征服誰，只有一種包容與讚嘆的喜悅。

當我們歷經幾天的長途跋涉，終於走到海拔三千多公尺的高山草原時，夥伴們一一將汗水濡濕的背包與裝備卸下，紛紛「——嘩地——」大字仰躺於箭竹細草枯枝之間。此際，我已忘了所有痛楚與憊倦，只感覺藍天在上、土地在下、風在耳畔、箭竹刺刺地搔著背，但見滿天澄澈無瑕的碧藍，逼視著我。

兩相凝望，在無言的沉醉之中，我竟忍不住眼眶一陣熱，蓄滿了感動的淚。

淚水，終究不適合流出來，我是害羞的人。然而，經歷過高山的洗禮，我感到內在某些部分被改造過了。

即使四十多年了，我仍無法忘懷台灣高山那種浸透身心的美，特別是這些三千公尺大山，如果不是汗流浹背、一步一腳印走過，很難親身體會。

這是山賜予我的神聖體驗。

山是最好的老師

我喜歡戶外活動，建中時就參加過救國團的許多健行與野營活動。上了大學，唯一參加的社團便是登山社，開啟了我對高山的愛戀與緣分。

記憶最深的其中一次是，一九七四年一月二十五日到二十九日，台大登山社以五天四夜，徒步橫越台灣中部的「能高越嶺古道」。

這條自日治時期就聞名的古道，已有百年的歷史，它原本做為古早原住民行獵往來的山徑。日治時期，改為警備交通要道，其中一段更是「霧社事件」的發生地。這條山道前半段自南投縣仁愛鄉屯原登山口，沿著塔羅灣溪上行、越過南投、花蓮交界中央山脈之奇萊、能高連峰，穿越著名的「丹大野生動物重要棲息

年輕時張善政便熱愛大自然。山林中殊勝的景緻，讓他感覺似乎可以遇見另一種自己。照片為張善政攝於美國優勝美地國家公園。

環境」；後半段沿木瓜溪谷而下，抵達花蓮縣銅門，全長約八十三公里。

當年我是土木系二年級，那時是剛過完農曆新年的大年初三，一大清早，「山胞們」（我們對自己的戲稱）分頭從北、中、南各地往台中火車站集合，第一天，搭客運車到埔里，夜宿盧山國小。我們向學校借了教室，木頭桌椅簡單拼湊、拼湊，裹著睡袋將就過了一夜。那時候我們憑恃年輕，什麼都敢試、什麼情況都能應付、眼裡沒有懼怕。

第二天，我們便從屯原登山口出發，步行十三多公里到天池，隨著海拔漸升、景觀不斷更迭變幻。布滿松針的山徑，踩下去軟綿乾爽，空氣中襲來一陣台灣二葉松的濃香。沿途勝景無數，密林、枯木、崩壁、巉岩、霧淞、白練奔流三疊交響之「能高瀑布」——我們攀行莫那魯道奔跑過的山徑、晃過他放火燒過的吊橋，甚至憑弔他率眾偷襲過的日軍駐在所遺留的磚瓦殘跡……。

視線所及，綿延的群山如湧動的浪，瞬間凝結如如不動，雄踞於大地之上，那麼寧靜大器，而繚繞的山嵐緩緩，益發顯得仙氣翩翩。

山，看似什麼都沒有說，但我卻領受極多。

上山的第一天，大夥果真都累癱了，夜宿兩千七百多公尺高的天池保線所。夜晚氣溫驟變，呼出的氣，瞬間結成霧狀，旋即散去，但漫長的歷史無法這般灰飛煙滅。

「保線所」，顧名思義是台電人員保養電力設備及線路之所在，舊址多半沿用日軍駐在所。二戰後期，盟軍大轟炸毀壞台灣電力系統，戰敗的日本技術人員遭全部遣返，西部嚴重缺電，發電量不足正常的十分之一，時任台電公司機電處長的孫運璿先生，率領同來的少數技師，帶著台北工專及省立工學院（今日的成功大學）學生，一邊拼湊零件，一邊趕工，五個月內就修復了全省八〇%的供電系統。

之後幾年，他大力推動電力建設，沿木瓜溪闢建多座水力發電廠，並沿古道架設了一百二十七座巨型鐵塔，讓電力可以跨越中央山脈東電西送，被譽為「電力的萬里長城」，鐵塔沿線約每隔十公里設立保線所，供維修人員休憩過夜。日後往來古道的山友們，就近借宿這些保線所，跟台電員工窩在木頭通鋪上一起取暖。

從小在台北城市長大的我，這輩子也是在天池保線所第一次見識到雪為何物。那天早上起來我們要煮稀飯，隊長差遣我去外面搬些柴薪，電力公司的柴都砍好備妥了，堆在保線所外面不遠的雨棚。我開門走出去，冷空氣竄入氣管，好冰啊，我呼出一口氣，「呵」，霧騰騰的。怎麼地上都白白的？踩下去一個深深的鞋印。嚇了一跳！我從來沒有見過這景象，忽然才意識到這是「雪」，大喊：「哎喲，下雪了、下雪了！」大家一聽到「雪」，統統衝出來看。

之後兩、三天之間，我們分別攀登了奇萊南峰、南華山、天池，殊勝的景緻，讓我們每一根神經都磨得纖細敏銳起來，好像可以遇見另一種自己。

路程的中段恰好落在中央山脈能高鞍部、南投花蓮縣界之間的「光被八表」紀念碑，一面碑銘表揚台電人員群策群力，將光明澤被八方地表的成就；另一面刻著「利溥民生」字樣彰顯了其造福大眾民生之功。這座界碑樹立的時間是一九五三年，我都還沒出生，想想那物資奇缺、設備簡陋的年代，工程人員克服萬難、默默奉獻，真令我深深感佩。

天朗氣清的夜晚，高山沒有一絲絲光害，只見星空滿布，銀河清晰可見，亦不由得教人感到自己的渺小。學生們窮，買不起什麼攝影器材，然而所有美景永遠烙印在腦海裡。

每一步都是挑戰

經過能高鞍部，開始轉入古道的東半段，它與西段擁有不同的路況、地形與地質等自然景觀。尤其是那雄壯的木瓜溪，發源於奇萊山與能高山東側三千多公尺高的山區，全長約四十二公里，山高水急，落差大，水力豐沛，共有八座水力電廠藉溪水發電。

出發第四天，當我們一行人沿著木瓜溪往東下切，沿著一長段「之」字形路段陡降，途經「檜林保線所」，耳聞淅瀝嘩啦的水聲，但是始終無緣親見密林深谷處的溪流，正當我欣賞沿途奇美雄輝的檜木森林、暢快呼吸芬多精之際，腳趾竟開始疼痛起來。

還來不及一一細數這次攀登的詳情，當下的我每走一步，兩腳拇趾都疼痛不堪。一定是我的疏忽，出發之前忘了修剪指甲，結果稍稍過長的腳拇趾趾甲一直往前擠壓，加上下坡的衝力、沉甸甸的背包，時不時左閃右避的晃動，以致於每踩一步，就痛一次。這時刻，我已經身心俱疲，忍著痛，走一步算一步。

推進到「五甲崩山」附近，因為路基流失，只得一下高繞，一下子又下切，反覆折騰之下，我的拇趾趾甲早已充血發黑、快要骨肉分離，只差一點就脫落。

過了奇萊保線所不久，我們來到令人一望喪膽的「天長斷崖」。它以驚險的氣勢迎接我們，崩面橫寬約三千公尺，落差達一千公尺，崖傾斜面中間硬生生開鑿出一條僅可容身的小徑。遠遠望去，在一片大理石灰白立面上，顯得根本細如髮絲。如果從Google衛星地圖上來看，可以看得清清楚楚，一大片濃厚的綠色山脈中，僅有這片慘白三角立面，在陽光下顯得如此耀眼，甚至連紋理都清晰可辨。

直到開始走上來，才清楚辨識出崖壁由龐大的碎裂岩片層層疊疊組成，地形崎嶇不平、寸草不生，有的地方寬些，有的地方極窄，走在這裡極驚險、極刺激。我想，萬一遇到大雨或狂風，可能把人吹倒，滾落幾百公尺深的懸崖。年輕時不知天高地厚，沒有危險意識，覺得登山理所當然會碰到這些事啊，如今回想才忽覺顫怖驚悚！

揹著行囊，我氣喘如牛，不敢回望。心裡壓力很大，膝蓋都軟掉了，腳拇趾陣陣戳痛內心，我只能告訴自己：「慢慢走、慢慢走、慢慢走……」幾塊岩片，禁不住一個風吹草動，由頭頂掉下來，撞擊另一塊岩石，發出嘩啦啦的聲響往下滾落，我專注眼前每一個腳步。這自然不是喜瑪拉雅山的難度，但是那種 push it to the limit（超越極限）的心念卻是一致的。

此行最後一天，我們有幸見證這一大片能高越嶺東段的壓軸勝景。即使後來台電為了維修之便，在斷崖下方開鑿了天長隧道（民國六十七年建造完成），曲折蜿蜒，更稱得上是全國最為險峻的隧道之一。

但這麼多年下來，在山脈巨大的量體不斷擠壓之下，連下方的隧道都扭曲變形，奇險難行，如今斷崖上的險道已不開放，必須高繞通過，因此早年這段經驗似乎已成絕響。

最後我們走到銅門，為這次登山畫上句點。途中我們巧遇台電維修的卡車，一行人歡快地擠在車斗，吹著山風下到銅門，真令人快慰無比！

渴望與機運每次都獨一無二

有一年寒假，我們台大登山社去爬雪山，最後一晚入住「三六九山莊」，準備第二天早上攻頂。沒想到一夜大雪，雪積到半個人高，連山莊的大門都無法推開，只好關在山莊裡面苦等，最後瑞雪封山，大家只好在扼腕之下打道回府。但是我事後想想，雖然沒有登頂，但能在台灣遇到厚積深及大腿的大雪，也是一生少有的機運。

比較幸運的也有像爬大霸尖山的那一次，我們爬上山頂後，視線往右邊，朝東方看到龜山島，往前面向北看到觀音山與淡水河，往南看到整個新竹，往西遠眺台灣海峽，北半個台灣幾乎一覽無遺，教人屏息不已。

想想，何時能有機會可以找到一個定點，在你的眼底將新竹以北的台灣一次看透？真是太棒了。因此，每一次出發的渴望與機運，都如此獨一無二。我妹妹後來也參加台大登山社，但是她們去爬大霸時遇到大霧，結果什麼都沒有看到，她不無妒嫉地抱怨說：「哥哥，你的運氣怎麼那麼好？」

這些歷歷可數的登山經驗中，我每次都十分珍惜，僅有一次半途而廢。那一次，原本預定的路線是八通關越領道，從南投東埔出發經過玉山國家公園走到花蓮玉里，全長近百公里，總共需要五、六天才能走完。原本我就是個緊張型的人，那次才從東埔出發沒有多久，我的老毛病就犯了，一緊張肚子就作怪。聯考時是拉肚子，但是那次卻是便祕得很厲害，肚子脹大到快要撐破，極為難受。為免拖累其他的隊員進度，我只好向領隊「對不起」，孤單一人、黯然下山，至今想起來還是好遺憾。

內心的三個境界

爬山都是如此，不管順境或逆境，內心總有一番三境界辯證：正要出發前，心裡總是信誓旦旦：「啊，我一定要去！」但是開始上山時，只能一直喘氣，踏上山路幾天，心想能不能熬過下一段都不知道，最終在身心俱疲之下，就開始後悔：「唉，當初我怎麼想要來爬，簡直自討苦吃？」尤其，以前裝備不先進，沒有防水布，沒有狗鐵絲（GORE-TEX），下雨難免全身淋濕，所有裝備都自己一肩來揹，沒有人代揹。

理智上雖然知道目標在遙遠的前方，但真的上路，又彷彿是一場永無止地的熬煉。背包在肩上，路在腳下，不得不繼續往下走，不走怎麼辦？難道回頭嗎？只好硬著頭皮走。其實，一旦你登上山，就已然沒有退路。心裡想能夠熬過下一段就阿彌陀佛了，往往走了一段，心想應該快到了吧？結果還有第二段、第三段……心裡總莫名嘀咕，到底還要走多久？最苦的時候，坡愈走愈陡，背包愈來愈重，濕掉的衣物緊貼身體，巴望著什麼時候可以到「上面」？啊終於走到「上面」，一看，啊，還有「更」上面！

最後，一關熬過一關，真的到了頂，啊，熬過來了，感覺真不錯呢。回頭望去，親見了美麗的風景，不可思議地居然很有成就感。到了下山時，竟然因為告別高山而有一絲難過。最後，總是拖著疲憊的身子回到台北家裡，但是經過山野洗滌的心，卻留在山上繼續伴著大草原和星空，久久不肯歸位。

這些是我在山林裡體會的意境。這意境，若非走個三天兩夜以上，很難體會。日後，即使我在歐洲見識高山鐵路的壯美、便利，但我還是覺得台灣高山最漂亮，因為是自己的土地，也是自己走上去的。

很多人都問我，拿到博士之後，為什麼不在美國發展？在矽谷創業或長春藤大學裡做一名學者？追求美國夢、賺進財富名望？我之所以回來台灣，原因很多，除了掛念年邁的父母，還有就是我太捨不得台灣的高山，它的氣息、它的美，始終遠遠地呼喚著我。

一位哲人曾說道：「若山不向我走來，那我便向它走去。」我那麼慶幸，早在二十歲左右，因爬高山領略到一種人生的信念：前進、前進、一步步前進，只要前行有路，即使再奇險、再艱難，都值得走下去！

童年的張善政好奇研究父親的相機（張善政父親張同文攝影）

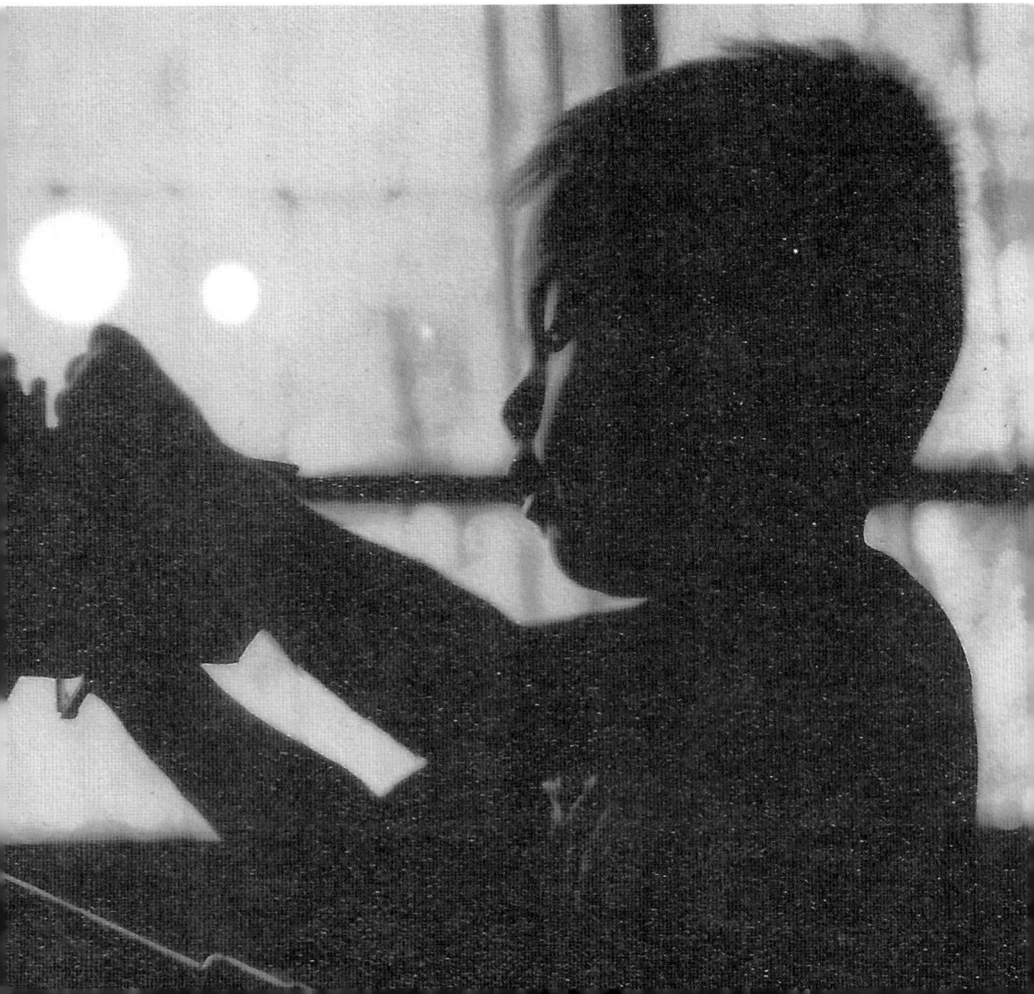

第一部

尋

童年

發光的石頭

第一章

好奇心

父親給的禮物

我的父母親一個來自天津，一個來自台南新營，戰亂中，在高雄半屏山腳下相遇，才有我的問世。童年是一個人一生的原始財富，我在台北一江街，度過了難忘的童年。

從小是火車迷，想當火車司機

從小我就是鐵道迷，或許是因為爺爺畢生都在鐵路局工作的緣故，小時候我甚至一度夢想要當火車司機。這輩子我的第一個玩具就是蒸氣火車頭。後來高中時因為阮囊羞澀，就用牙膏盒做火車模型自娛。我先將包裝紙翻面，用尺細心畫上車頭分部結構，摺出立體外觀，再一筆筆塗上顏色。這個七〇年代開始在台灣鐵道奔馳的 R100 型藍皮柴電機車頭，全部是純手工製做，而模型保存迄今將近五十年不壞，也算是個小奇蹟。

待我出社會工作，較有經濟能力後，我就開始買火車模型。從高鐵流線型車廂、複雜交錯的漂亮軌道、到沿線設施及號誌，統統組裝起來，擺設在家裡一個小房間裡。愛屋及烏，自小我就可以把鐵路沿線每一個大小車站站名背出來，知道許多車站的特色，也因此促成我對台灣各地風土人情有更深的感情。

工程家學，寶島生根

我的名字中間的「善」字，是按照張家族譜「廣、同、善、傳」排列。二〇一六年二月，我在行政院長任內，趕去台北車站視察農曆新年春節疏運計畫，走進台北車站的站長室，不期然地目光掃過牆面歷任站長照片，我看到其中一張，不禁向旁人喊出：「哇！這是我爺爺。」照片裡，看起來微側著身、黑色中山裝、短髮、戴著眼鏡、目光真誠篤實的中年男子，就是我的祖父——台鐵第三任站長「張廣珍」。

我們張家原籍中國北方最大的沿海城市——天津市。我的爺爺是民國前七年九月二日生，畢業於天津名校「新學書院」。新學書院是由英國人赫立德博士（Lavington Hart）於一九〇二年在法國租界區所創辦，全校仿英國牛津大學青灰色歐洲古城堡建築，為外國教會在天津創辦的最古老學院。

它有獨特的成立背景，當年洋務運動主張廢八股、倡西學，尤其是先進的科學教育，以培養新時代的優秀人才，「新學」之意即在此。爺爺等於是中國第一

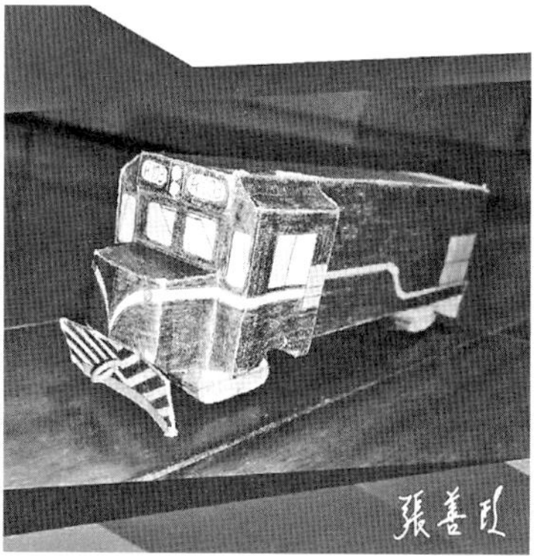

右／張善政高中時用牙膏盒自製的火車模型。

下／深受祖父影響，張善政小時候就是鐵道迷。

批接受現代化高等教育的知識份子，他畢生從事鐵路工作，從基層開始，擔任過司事、事務員、調度員、主任調度員、課員、課長、副處長、副站長，五〇年初更擔任台北火車站站長，前後長達四年。

他也曾一度派到台鐵花蓮段擔任「段長」，曾有一次，我到花蓮當假日農夫，遇到花蓮縣老縣長謝深山，他一提到我祖父，連忙說：「我們都認得他，他皮膚比較黑，我們都叫他『黑面張』！」早年東部交通極不便，我的幾位叔叔、姑姑們都在花蓮成長求學，或許，硬要拉關係，這算是我這幾年在花蓮荒山務農最早的淵源。

我的父親張同文，排行老二，他有一位姊姊，之後接連三個妹妹，再來才是三個小叔。祖父母一共要撫養八個孩子，負擔極為沉重。

老爸身為大哥，各方面都得是弟妹的表率，他用功勤學，二十出頭畢業於中國近代第一所官辦高等學府——國立北洋大學土木工程系。說來，我們家三代都是工程人。他原本有機會去東三省（遼寧、吉林、黑龍江三省的總稱）的港務局工作，但是任職鐵路局的祖父希望他也進入鐵路界服務，可是一直等不到合適的機會。在這苦候期間，他考上甫於上海創建沒有多久的國營事業「中國石油公司」，二戰後，一海之隔的「高雄煉油廠」剛修復不久，準備大舉擴廠投產，老爸便抱著姑且一試的心情，進入高雄煉油廠擔任工程師，因而選擇來台灣工作。

那一年，正是民國三十七年，台海兩岸處於兵馬倥傯、時局崩壞的關鍵年頭。

這一離開，成為我們張家重大的分界點。父親來台的第二年，爺爺、奶奶眼見大陸淪陷在即，便帶著六個孩子，連根拔起來到台灣，留在大陸的只剩下我二姑姑一人而已。

初來乍到異鄉，父親忙著適應南國的新環境，同時擔任建廠工程師，工作異常繁忙。高雄煉油廠原是日本帝國海軍第六燃料廠（桃子園煉油廠），歷經美軍一九四五年桃子園大轟炸，幾近全毀。直到一九四七年修復陸續投產，之後台灣經濟起飛，其高峰時期曾有逾五千名員工，乙烯年產量達四十萬公噸，曾是中油主要石油煉製廠之一（後因擴建計畫，引發長達二十八年的反五輕運動，最終於二〇一五年底停工，二十四小時的「燃燒塔」也永遠熄滅了）。

就在這個楠梓半屏山麓的廠區，我的父親遇到了一位相戀、相知一輩子的女孩。

我母親在日治時代出生於台南縣，受日本教育，在女子教育普遍不受重視的年代，她很爭氣地畢業於「臺南州立第一高等女學校」（今台南女中），在當年高等女校已經是很亮眼的學歷，之後她考入高雄煉油廠擔任行政工作。

早年能夠在高雄煉油廠工作，是讓人非常欽羨的事。因為廠區旁設立了專給員工子女念書的小學、中學，甚至發行內部刊物，宿舍區也備有室內溫水游泳池、高爾夫球場等，當年可說是頗具現代化風格的先進企業。

他們相識的過程，我沒有機會詳問，但想想在那個省籍情結仍然濃重鬱結的年代，本省與外省家庭的聯姻，是極具挑戰的事。本省女孩要嫁給所謂的「外省人」，不知道需要什麼勇氣？有些人還要鬧家庭革命，甚至私奔才可能。但是，印象之中，父母從未提過任何省籍方面的衝突，甚至一直以來，爸爸跟外婆家人都相處得很好。

簡樸勵學的外婆家

媽媽的娘家在台南新營，當年是一個小鎮，出火車站繞半截圓環，右手邊有一條大同路，直接走到裡面一間低矮的老房子就是了。

小時候的外婆家，是一間極為窄狹的日本式房子，回想起來，母親的娘家應該並不寬裕。印象中一走進去，僅有玄關處鋪設一小塊水泥地，占據其間的是一個簡易的「灶角」（廚房）。踏上台階，就只是一間鋪著榻榻米的房間，後頭有一間小廁所，沒有客廳、沒有臥室。兩、三坪大的疊蓆便是全家所有的生活空間。磨舊敗色的木質紋理，散發飽經風霜的氣息。然而，後院卻比房子還要大上許多，外婆在這裡養些雞，可以在重要的日子補充營養，或撿些溫熱的雞蛋到市場上賣。

我看過一些老照片，小時候舅舅、阿姨穿著陳舊的衣服，赤著腳，顯然是那個年代普通的鄉下人家，生活過得平淡簡樸。我推想，當初父親結婚，沒被外婆挑剔，也沒有要求太多聘金與嫁妝，與其說是父親相對幸運，不如說外婆家也不是顯赫富有，否則依照古都府城講究人情禮儀的習慣，光是婚嫁繁瑣禮俗，對家底單薄的父親，應該會是一項沉重的負擔。

我真感到幸運能有一個台北以外的樂園，每年寒暑假回外婆家，簡直像度假一樣。南國清朗的炎陽、老榕、鳳凰木、宮牆紅、魚肚白、溫潤的人情、句首加「啊」，句尾加「逆」的台語……都教我感到無比的新奇而親切。至今我仍然懷想著教我流口水的鱔魚意麵、四神湯、菜粽等台南小吃。

我一直敬佩終年勞碌的外婆，即便在那清苦、女性受教育不普遍的年代，她栽培三個女兒全部都中學畢業，其中一位舅舅謝鵬雄畢業於台大外文系，留學日本，曾任台視編審組長、企劃組長、駐日代表等職，並曾在世新與政大任教，本身也是名作家。

至於外公對我卻很神祕，應該說我從來沒有見過，他似乎很早跟外婆分開，或是因故離家，實際上，我母親幾乎也沒有提過他。他們上一輩的恩恩怨怨，我並不清楚。大舅終生未婚，晚年跟外婆兩人守在新營，在家終老。

童年領受飽滿親情與關愛

爸媽結婚成家之後，很快便調回台北總公司，分派於松江路、一江公園旁邊的中油宿舍，到了一九五四年六月二十四日，才有我的「問世」。

我是巨蟹座，很戀家，守著自己的殼，總是把心事深深地藏著，或許跟外界的認知有落差，我始終認為自己很「內向」「不擅言辭」。如今大家看到的我，很大一部分都是經過長年的訓練、陶冶才造就出的。

後來才知道，在我出生那年，發生很多重要的大事：一萬四千多名留韓反共義士投奔台灣、中山堂舉行第二屆總統選舉、中共開始炮擊金門，史稱九三海戰……兩岸戰火對峙、氣氛緊繃、炮火依舊一觸即發。但對於一個孩子，只要父母親在身邊，心就安了，等於是天下太平了。

日式宿舍裡有一個小小的院子，媽媽在這裡養了幾隻雞，和一隻純白的狐狸狗。在國民所得大多不到兩百美元的年代，能有一間遮風蔽雨的房子，就已經算是阿彌陀佛。

中油日式宿舍的全家福照，張善政（左 2）笑得尤其開心。

五〇年代的台北市充滿一種未都市化前的鄉里氛圍，宿舍附近道路兩邊都還是一片片稻田，民風非常純樸，我在一江街度過了難忘的童年。幾年後，木頭老宿舍朽壞不堪，公司將老房子接二連三地拆了，蓋起水泥四層樓公寓，提供員工貸款購買，包括我們家。

那時台北第一家達到國際飯店標準的第一大飯店，才剛開幕沒有幾年，很多名人政要經常出入。飯店就在我每天上學必經的路上，我們那時真土，從來沒有吹過「冷氣」，小學放學後，我跟幾位同學互相壯膽，到飯店門口守著，等有客人進出時，飯店自動門會彈開幾秒，流洩出一絲冷氣，我們就衝過去迎風。第一次吹冷氣，邊吹心裡邊呼喊著：「好涼！好涼噢！」有時飯店的服務生或門房嫌我們煩，會大手一揮說：「你們走開，不要擋在門口，走開！去去去！」我們便嘻皮笑臉跑開了。

年輕的爸爸薪水有限，甚至得兼差，當年政府宣導口號「兩個恰恰好」，鼓勵節育，我也只有一個妹妹。由於小叔叔只比我大一點，便像我哥哥一樣，在祖父調回台北之後，我們比較常在一起，小時候倆人打打鬧鬧的，感情很好。從小到大，我生活在一個尋常普通的家庭，領受著飽滿的親情與關愛，這些養分讓我對人對事都有一種油然而生的同理心。

受父親影響，對事物充滿好奇心

在那個年代，我父親算是很愛時髦的，不是說他愛穿漂亮的衣服，而是他喜歡新奇的東西。他愛玩相機，我媽是他的第一模特兒，在他掌鏡之下，也留下很多母親的倩影（本書部名頁的照片，皆為張同文所攝）。

他也愛玩機車，挺洋派的，當年家用如此緊迫，他居然還努力存錢好幾年，買了一輛哈雷機車過過癮。家裡也訂了很多的建築雜誌，老爸在土木之外也研究建築設計，下班後也接一些設計案，貼補家用。

我念高中時，電腦剛起步，台大電機系開設一些在職進修講習班，父親下班之後，還跑去電機系修電腦程式相關的課程。那時我想不透他到底在幹嘛？電腦又是什麼東西啊？依照那時我有限的理解，數學是一個題目，套用公式來解，看解出的式子「漂不漂亮」。而電腦用處在快速運算得出答案數字，不在於推導數學式子，更不在乎式子推導得漂不漂亮。在我心裡，數學式子才漂亮啊！為什麼要用電腦來算？

後來才知道數學式子漂亮歸漂亮，但是運算速度太慢了。那時我還沒有體會在土木實務上要計算的部分太多，光用紙筆會緩不濟急，必須以電腦輔助。那時候一點都沒有想到，我的下半生會跟電腦有這麼深的因緣。

長得愈大我愈覺得，除了身高之外，父親遺傳給我的，還有這類「東摸西摸」的好奇心。

回憶的微光指引前路

我的身高一八〇公分，除了家族遺傳（我的祖父、父親和一個姑姑都一百七十公分以上），大概跟我整個中學到大學十年之間，都是騎腳踏車上學有關。學生生涯中，少不了各種腳踏車相伴，記得大一時，我從一江街宿舍，騎車上學，新生南路一段的前身——堀川，正在大興土木、埋水泥箱涵，計畫要加蓋成六線道的柏油道路。那時候，整個城市、地景及我個人的生命，都在持續蛻變中。

今年我六十五歲，這本書是我一生種種的感受與回憶。有時候我不禁想問，隨著年紀增長，記憶是否也隨年歲累積，變成又重又舊的行李箱？還是像童話故事裡，不斷朝向身後拋擲的小石頭，丟在路邊一點一點發著微光，指引人有一天能夠尋回來時路？

又或者，回憶像老式腳踏車的磨電燈，踩得愈快愈用力，胎皮與發電器膠頭摩擦愈加熾烈，照出來的路也愈遠愈亮，這種滿足、快慰不是乾電池車燈可以比擬的。

如今，回憶的輪圈已經開始轉動，燈光聚攏往前照射，光束的極遠處，微風往事一一浮現……。

第二章

自學力

自由中學會自律

剛進小學的時候，我連最簡單的ㄅㄆㄇㄈ都不會，成績總是吊車尾，幸好媽媽教導有方，我才漸有起色。經歷過填鴨高壓教育，我幸運考上建中、台大，並且發展出一套自我教育的「逆返工程」學習法，探新究奇，樂於終身學習。

剛進小學的時候，我連最簡單的ㄅㄆㄇㄈ都不會。已經都開學兩個禮拜了，我茫然坐在教室裡感到鴨子聽雷，「霧煞煞」地很多都聽不懂。

這要怪我那有個性的老爸。按戶口資料，原本我被分發到長春路、松江路口的「長春國小」。但是報到第一天，父親牽著我去上學，長春路正好在進行排水設施工程，臨近學校的道路布滿泥巴、坑洞、廢土，下雨泥濘，濕滑一片，還有很多大型機具來來往往，進校門還必須走過臨時架在溝上的一片狹長木板。他覺得這樣對每天走路上學的小孩子太危險，萬一掉下排水溝那可不得了。

「不念了！」他當場拉著我的手，馬上調頭折返回家遷戶口，安排我換到南京東路另一邊，緊臨吉林路的「長安國小」。因為辦理遷戶口等各項手續，耽擱了一、兩個禮拜，我才報到入學，當時國語老師早已將注音符號教完了，學生多，她也無暇對我個別指導，結果我ㄅㄆㄇㄈ全搞不清楚，功課一開始便落後了，連帶影響自信心，因此第一個學期每次考試都是後面幾名。

「總不能每次吊車尾啊？」母親擔憂著，她從來沒有學過國語，小時候她在台南接受的是「あいうえお」這類日文教育，但她半路出家，居然自學ㄅㄆㄇㄈ，將國語的拼音規則搞懂了，再一個字、一個字教我。後來我的功課才急起直追，倒吃甘蔗，愈來愈好，三、四年級更開始選上模範生。

打不退的學習熱忱

我們那幾年出生的都被稱做「戰後新生代」，長安國小是一所大校，光一個年級就有十五、六個班，而且每一間教室從講台前到後方牆壁之間，座位都塞得滿滿的，一個班級甚至將近六十人。

那是一個升學至上的年代，老師們大都有不容質疑的權威，而「九年國民義務教育」還要好幾年之後才實施，不少人在家計的考量下，小學畢業就開始當學徒，找工作了。若要繼續念初中，就必須參加「初中聯考」。

為了衝高升學率，國小高年級老師逼得更緊，發考卷時，按例錯一題打一下，更恐怖的是少一分打一下，大家站在講台前，一排十個人伏趴在黑板溝前，屁股翹起，老師揮舞著藤條，高高舉起、重重落下，「啪——啪——啪——」一掃而過，同學受刑挨打，處罰後屁股都痛得無法坐下；也有時候，不知道哪個傢伙犯了什麼不可饒恕的大錯，老師竟罰全班同學雙手高舉著木椅罰跪，往往雙手痠痛到快撐不住。

雖然，我的成績不壞，但難免有考試成績不理想的時候，照樣被打很多次。現在想來真是痛不欲生，當時不講究所謂「愛的教育」，這不是特例，很多年長的朋友都有共同的經驗。反正小學時腦袋不清楚，叫你念書就好好念書，也不知道自己為什麼而念書。

還好考試與體罰並沒有影響我對知識的追求，也沒有把求學的胃口弄壞。最後，拿到校長獎畢業。

我是一個敏感心細的人，凡遇到大考，準備再充分，仍總是反應過度、緊張兮兮。從小到大，考初中、高中、大學三次聯考我都各有狀況，不是肚子出問題，就是手汗不止，身體緊繃僵硬，好在這些毛病成年之後逐漸一一克服。

初中大考，當時北北基地區男生的第一志願是「台北市立大同中學」。我因為過度緊張而拉肚子，表現失常，初中沒有考好，雖然我還是進了大同初中，但是是第四志願的「夜間部」。

現在的孩子或許很難想像初中還有「夜間部」，之所以選夜間部是因為老師告訴我們，若進不了日間部的前三志願，可以填大同中學的夜間部。因為第一學年結束成績夠好的話，第二學年可以轉到日間部。這是當年一種特別的升學管道。

夜間部每天下午四點半上課到晚間九點半，週六、週日要上全天課，補足所有日間部的上課時數。我把轉日間部當成念書的目標，在老師用心指導下，對課業非常認真，果然拚出了效果，後來我初一念完，成績達標，初二就如願升到日間部。

大膽的教育實驗

大同初中一年級原本只有十四個班，待我升上初二時，另外增加第十五班，也是我所屬的班級。這個班級組成方式很奇特，一半是夜間部成績最好的學生，另一半卻是成績過半不及格的日間部留級生。想想，這真算是一種大膽的教育實驗。

我永遠不會忘記我們的班導——陳暾昊老師，至今我仍清楚記得他的名字。他教數學，是公認的嚴師，教學非常認真，盯我們盯得非常之緊。在他雷厲風行之下，我們這個混種班竟然每次考試平均都居整個年級之冠。顯然，這個教育實驗意外成功了。

一年下來，我們二年十五班，居然變成大同初中全年級的明星班級。身為大台北最好初中之最好班級，我內心感到很榮耀。

初三時，教務處覺得這個班級真是太難得了，派了另一位「王牌老師」來帶。這位名師卻因為在外面開補習班生意太好了，準備辭職自行創業，學校正強力慰留他。雙方膠著許久，因此我們歷經了一個月沒有老師的空窗期。

僅在這數週無人管束之下，我們這班在短短時間內，竟似摧枯拉朽般，垮成亂七八糟。更慘的是，最終學校也留不住「王牌老師」，只好由另一位卓老師接手，學生都叫他「老灰（ㄏㄨㄟ）仔」。聽這個綽號便可以猜想，他年紀大，根本管不動我們，索性他也採取放任政策，當然我們這些青春期的小毛頭，便更加恣意妄為。原本我們這個全初二最好的班級，戲劇性地從高峰跌落谷底，隔年頓時成為全年級最差勁的一班。

初三聯考壓境，風聲鶴唳之下，別班都在努力衝刺了，我們班卻群龍無首，整天鬧哄哄的。我不太跟人聊天起鬨，因為陳暾昊老師不再教數學了，我的數學程度也跟著徒降。我警覺到這樣下去，一定會完蛋，於是買了一本數學參考書，一頁頁從頭到尾，慢慢演練自修，居然也慢慢看懂了。沒有多久，我的數學竟然變好，而且最終以全班第一名成績畢業。

愈放任，就愈自發

高中聯考當天，我雖然不覺得心理太緊張，但是身體竟因為壓力驟增而拉肚子。這還不打緊，那時原子筆不普遍，大家都用鋼筆書寫，考作文時，我緊張到手汗嚴重，天氣又熱，右手苦思作文，左手壓著作文稿紙試卷，弄得整張紙濕濕糊糊的，鋼筆尖輕輕一劃，墨水都暈開了，筆劃不受控制，渲染成粗線條，鬼畫符一般，連我看了都快暈倒了，不禁心底哀嚎著：「完蛋了！」「怎麼辦？」我以為成績一定很糟糕，卻沒想到還可以進建中，而入學成績是全年級一千三百名新生中的第二十九名，真是刁天之幸。

對比於嚴管勤教的初中前期，建中則是一個極為鬆散、幾乎可以說是自由而放任的學校，老師不太管你，念書完全靠自己。經歷過極嚴格與極放任兩種極端模式，它不僅是校方的教育實驗，也是我對自己的教育實驗，我發現自己適合「自發性的管理與教育」。

提到感恩及感激的心情，我一直對建中很難忘。對於大同初中那種緊迫盯人，老師竭力把你的發條上緊，念得再好，都不是自己自發性努力的成長。相比之下，我更喜歡欣賞建中的自由學風。

我體會到，我是很乖的學生，老師逼得緊、管得嚴的話，我就乖乖地被人管，配合老師要求，按照老師的步調走而已，結果最多也只是做到別人要求的，

在建中自由的學風之下，張善政養成自學的好習慣，
日後遇到任何新事物總能用自己的方式學會。（右 2
為張善政）

沒有辦法發揮自主能力，成績大約是中上；但是當老師完全不管、放牛吃草時，我主動靜下心來看書，因為要自己搞定一切，激發出想把一切想得很清楚的動力，反而能夠盡情發揮學習潛能，成績比老師逼得緊時要更好一些。因為不喜歡被逼，我發展出一套獨特的學習方法，例如，當時最有名的英文文法書是柯旗化先生寫的《新英文法》，我買了一本，自己找時間從頭讀到尾，奠定很好的英文基礎，日後留學美國時也沒有太大的問題。

「聽音辨字」學英文

念建中時，功課雖然重，考試也很多，但我每天晚上鎖定當時的美軍電台（今日的ICRT），一邊讀書，一邊聽音樂，即使要很專心推算的數學，我還是哼著音樂。就這樣收音機開一整晚。妹妹比我小三歲，我高三要考大學時，她正好要考高中，我們兩兄妹的書桌正好面對面，我樂得沉浸在音樂裡，有時她就抗議：「老哥，你這樣太大聲了！」但我從不覺得吵，就是一直聽、一直聽，絲毫不感有任何干擾。還好她考上北一女，否則我會被她恨死。

這些美軍電台的節目，不少是在美國製作、與美國流行音樂同步。那時美國有一個DJ非常有名，本名我記不得，只知道他自稱「狼人傑克」（Wolfman Jack）。後來我去美國念書，和同學聊天提到：「啊，你們有一個DJ，叫做狼人傑克很有名！」他們十分驚訝：「你台灣來的，怎麼知道這個？」殊不知我可是熟得很。我每天收聽他的節目，他的聲音沉重沙啞，說話豪邁不羈，感覺是個粗獷的黑人，興致一來，他還會來幾聲「嗚嗚」狼嚎。日後到美國，有一天看他上電視，發現他居然是白人，大吃一驚。他目光炯炯、濃密的毛髮長鬚，頭髮蓬蓬蓋住脖子，聲音渾厚，是他沒有錯。

聽音樂節目之所以不會干擾我念書，大概是因為它們只是過耳不入心。原本每晚整點新聞，我也是漫不經心聽聽，不清不楚。後來我變得很想聽懂新聞內容，於是每次整點播新聞時間一到，我就按下錄音鍵，同步用卡式錄音帶錄下來。

之後有空時就試著回放，把聽不懂的地方反覆再聽，並且一字一句重新寫下來。他講了什麼字？為什麼我聽不懂？因為很想知道新聞到底在講什麼，想辦法將完整的字詞兜出來，再去查字典確認，所以前前後後寫了很多英文新聞稿。這是我用「聽音辨字」的方式學英文。最後，考大學時，我考最好的一科是英文，滿分一百分，我考了八十幾分。當初出國留學必須要有夠高的托福成績，舊制托福的滿分是六百三十分，記得當年我考了六百一十三分。

也因為「聽音辨字」反覆推敲模擬，我無形間學到美式發音。後來到美國時，老美同學都說：「怪了！你怎麼沒有外國口音？」我笑一笑。有一次有人打進實驗室要找某同學，由我接電話，事後同學詢問剛才的電話誰接的？因為來電的人以為接電話的是老美，不相信我居然是台灣來的。

後來我在宏碁擔任副總時，總裁是義大利人蔣凡可・蘭奇（Gianfranco Lanci），他是將宏碁品牌推向世界的一位重要專業經理人，因為宏碁有很多歐美合作夥伴及客戶，蘭奇要求公司員工要更加國際化，每個人要有一定的英文水準，規定全公司員工必須考過多益（TOEIC）。雖然我早已在美國念過書，我也要參加，舊制多益總分九百九十分，結果在毫無準備的裸考下，我只錯一題，拿下全公司最高分。這些都是高中時期無形中培養出來的實力。

自創「逆返工程」讀書法

這種回溯、推敲、模擬、再建構的學習方式，內化為我的一種心智習慣，對我影響甚巨。初到康乃爾大學念博士時，我沒有學過電腦繪圖，一位學長丟給我一本繪圖程式操作手冊，呼叫這個模組可以畫出這個圖，呼叫那個模組可以畫出另一個圖，但是沒有解釋背後的邏輯與理論。

我們學工程的人，最善於解決問題。於是我慢慢翻、逐頁細看，運用工程理論上的「逆返工程」（reverse engineering）思考方法，努力分析、拆解、建構背後原理，土法煉鋼再「拼湊」出一套理論。

我用這個方法，建構了一套自己的電腦繪圖理論架構，多年之後，我回台大教書，市面上終於有了電腦繪圖相關的原理教科書，我買來參考，一讀之下，居然跟我自己懂的差不多，很多地方得到印證。原來沒有課本之前，我已經懂了。

理想上的學習，是一位經驗老道的指導者，按照常規、常模教導你，但是如果沒有老師指導時，可以怎麼學習？如何能夠自己教導自己？

我認為「逆返工程思考法」是一項強而有力的學習武器，就像你為自己打造一個虛擬的指導老師，能夠給予你想知道的內容。這是一種後設學習（meta-learning），首先對於你的學習目標有強大的欲望，預想出某種圖像或典範。之後將之拆解出線索或是路徑，把原本隱藏的元素或本質，透過有意識的建構加以顯明出來；其次挑選出最適合的部分，之後按照心中藍圖加以排列、定序。這個部分最困難，需要鍥而不捨的破解能耐以及尖銳的想像力，同時經由一連串試誤，才能建構出最適、最佳的順序，加以重新組合。

我後來發現我的本領是，不管丟給我怎樣的一本書，只要有興趣，就會自己努力鑽研，即使都不教我，我反而可以把書的內容搞到懂。這是一種終身學習的能力，後來我從政，接觸到各種新挑戰、新議題，也都是以這樣的開放心態面對所有新事物。

第三章

務實

土木是一種人文關懷

我小時候就是喜歡碰這些泥泥巴巴的東西。從花園角落玩沙、蓋水庫、公路、輸水道，到後來一心一意想進台大土木系。土木的本質就是在「解決問題」，以工程的手段，完成「利用厚生」的使命，讓所有人獲益。土木是人文關懷的一種實踐方式。

從小，我就喜歡玩泥巴。感謝媽媽的寬容，任我在泥巴堆裡挖、抓、刨、撒、滾，不在意弄得衣服褲子沾滿髒汙，也不在乎玩得滿臉通紅，變成小黑人。

住在一江街日式宿舍時，偶爾家裡需要裝修補牆，師傅們運來一堆沙子堆放在院子裡，準備過幾天攪拌水泥施工。在小孩子眼中，還能有什麼比這堆沙子更誘人的呢？它簡直是一座完美的大山，放學空暇，我書包一丟，像魚兒游進大海般興奮地玩沙。我在這開闢出一條橫貫公路、在那裡挖鑿山洞，讓公路一路盤旋而上，繞到頂端，又在另一頭下山；或在兩個沙堆之間搭一座橋，另一端鑽出一條隧道……完全沉浸在我自己構築的世界裡，滿足車輛穿行而過的假想。雖然這些偉大「建設」，不出兩天，就會被師傅一股腦兒統統剷光。

小院子裡有一圈小花圃，種著媽媽喜歡的香花，我整頓一個殘餘的小土堆，捏塑出一座水壩，壩底拉出一條小溝渠，連通到花圃去。我從水壩頂灌水，水自動流下來，那媽媽種的花就有水喝了，我就可以不必澆花。泥土、沙堆、小石頭，這些看似平凡的東西，是很神奇的，人的雙手似乎摸過泥巴，心思也會變得單純滿足，我小時候就是喜歡碰這些泥泥巴巴的東西，總是樂此不疲。

自由自在的台大土木系

我凡事喜歡自己動手做，從無到有的創造。喜歡土木一方面是天性，一方面是中學時期，老爸偶爾會帶我去他的工地、碼頭走走看看，當年只覺得好玩，但是，或許是無形中潛移默化，最終我也選讀土木系。雖然我受父親影響念土木系，但是他其實從不逼我一定要做什麼，也從沒干涉我的興趣。

一九七二年，我以全系第四名成績考進了台大土木系。雖然那之前幾年，楊振寧、李政道同獲諾貝爾物理獎，聲望如日中天，幾乎很多理工科男生都想進台大物理系，要不就是拚工科男生兵家必爭的第一志願台大電機系。

但是我對土木很執著，我的志願從台大土木、成大土木等，一路填下來全部都是各大學的土木系，如果這不叫愛的話，那就沒有其他的愛了。

我篤定就是要念土木系，但是，媽媽長年看爸爸跑工地非常辛苦，希望我可以當醫師，或許這是很傳統的台灣人觀念——「成績好的男生要念醫科」，但我絲毫沒有動搖，也根本沒有掙扎。最後媽媽退一步要求：「那你至少填個電機系

張善政熱愛土木，以第一志願考進台大土木系，
並以第二名優異成績畢業。（後為土木系系館）

嘛！」我表面上聽話，但是技巧性地把台大電機填在土木之後。想當然耳，我順利地進了自己心中的第一志願。

土木系館位於椰林大道底端、小椰林道的轉角處，是一棟三層樓四方直角建築，它與文學院或總圖書館那種充滿歐式山牆、迴廊、拱窗的折衷樣式日治時期建築，差別很大。這一股方方正正、穩穩當當的建築氣氛，與「土木」二字給人的感覺很貼近。

寬闊的椰林大道，飄蕩自由的空氣。那時候沒有新總圖，視野寬闊無遮。每次當我一腳盪上踏板，另一腳跨上腳踏車，手握龍頭，從校門口一路奔馳到路底的土木系館，看著大道盡頭，閃耀著青綠的振興草坪，以及更遠處若隱若現的蟾蜍山。那種年輕的感覺，就算是微風輕輕吹過，都帶著青春夢幻的氣息。

自由的台大，比建中更沒有人管、更沒有人逼，念書，一切自己看著辦。這樣最符合我自主學習的本性，我最喜歡自給自足的環境，成績一直不錯，最後以第二名畢業。

參與十大建設，北迴鐵路實習

大三升大四的那一年暑假，「中國工程師學會」學生分會，照例會來招募學生參與工地實習。我以一介工程人自我期許，與其他兩位同學被分發到榮工處，之後派到北迴鐵路測量隊工作。

那是十大建設大動工的年代。一九七四年政府開始推動十大建設，其中有六項是交通運輸建設，三項是重工業建設，一項為能源建設。這一系列國家級基礎建設，都是改善台灣基礎設施及產業升級的重大工程。

而北迴鐵路目的在於讓東部鐵路幹線與西部完整接軌，總預算高達七十四億元，總長計有八十一．六公里幹線，其中包括了二十公尺以上的大橋二十二座、十六座隧道以及設立十四個新車站。

土木專業，簡單來說，就是造橋鋪路的工作。那是個炎熱的夏天，我主要工作的地點位於花蓮的三棧溪一帶，分派到測量的任務。我早已修過系上工程測量課，那時在台大，我們分組練習就近測量校園各建物，有時同學們頑皮起來，就把測量儀調整焦距，偷偷遠望椰林大道盡頭的長髮女生。不瞞大家，這是土木人共同的記憶。

榮工處的領隊看我修過測量學，剛開始先要我做一些測試性質的小任務，看我的專業水準夠不夠。這些考題難不倒我，隊長看我每一個專業步驟都做得準確無誤，便說：「張善政合格，好！歡迎你。」我被安排住在花蓮新城鄉的北埔村，工程隊租了一間民宅，充當我們工作人員的宿舍。

榮工處的夥伴們要在一片荒煙蔓草中，從無到有鋪設出北迴鐵路，這一切沒有先行測量根本不可能。打頭陣的我們，時時得像斥候，先行掌握住前線的情報。有時候野草茂生、亂葉割人、腳架無立錐之地，推土機得先把一大片雜草先推平，我們再接手深入進行精密的測量。

三棧溪是花蓮非常美的一條溪，位於花蓮縣北部太魯閣國家公園東南側，搭火車快到太魯閣（新城站）前，會經過一條大名鼎鼎的立霧溪，之後，進入花蓮之前就屬三棧溪稍微有一點規模。因為它由南北兩條支流組成，所以正中間有一座小山頭，左右兩側各有一個大山頭，看起來非常有層次，極為靈秀漂亮。它發源於海拔三千多公尺帕托魯山，向東流經花蓮新城鄉之後，最終注入太平洋。

那時沒有衛星定位，也沒有太多先進的儀器幫忙、更不可能有Google Earth，我們拿出來的純粹是課堂上學來的測量真本事。內政部有訂定國土各個基準點（三角點），這些是絕對正確的參考點，以這基準點的經緯度為中心，經由精密的測量及計算，再延伸出我們需要的定位點。

那個暑假，我每天頂著太陽，站在溪岸邊架設測量儀，另一位工程人員則站在溪谷石頭之間，手持紅白相間的標竿，我們必須合力測量出筆直的一直線，透過手勢，我們來來回回交換：「左邊一點、右邊一點，再回來一點。」這一類的對話。同時利用手勢比劃著向哪個方向、距離多少，才應該是我們要的點。同時每二十公尺在河床上釘下界樁，做為日後鐵橋橋墩的定位基礎。釘好之後，也做其他的標記，下一步工程部再派挖土機具正式開挖。

不畏流汗又流血

有一天上工時，我必須深入草叢裡架設測量儀，草生得很密。不知早先誰喝了台灣啤酒，空瓶從遠處擲過來，深褐色玻璃瓶斷裂成兩截，瓶嘴倒插在土裡，我扛著機器沒注意，一腳往下踏，右腳不偏不倚正好踩在銳利的玻璃尖上。

當年沒有穿什麼工作鞋，就是一般的球鞋，薄薄的膠底毫無保護效果，很快酒瓶玻璃片深深刺進我的腳掌，等我意識到疼痛，已經血流如注。我悶不吭聲，詢問隊長有沒有酒精。他低頭一看，大叫：「啊，這個玻璃那麼骯髒，快快找醫生打破傷風啊，怎麼可以酒精擦一擦就算了。」

我被送到醫務室，打了破傷風預防針。回到北埔村宿舍，當天晚上我就發了高燒。平時工作太累，晚上頭一沾到枕頭即睡到不醒人事，可是當晚我感覺暈頭轉向一片昏沉，輕飄飄的，整夜都沒有睡好。

第二天起床時虛弱無氣。還好病況不太嚴重，發了一晚高燒，最後靠著預防針及我身體的免疫力，把病毒壓抑住了，也很快就復原了。因為流汗又流血的經驗，讓我對北迴鐵路特別有感情。

我們在北迴鐵路沿線一路披荊斬棘，這一年的夏天很熱，日日高溫炙人，太平洋吹的風，也不能讓我們解悶。還好沿著溪谷的公路往山裡繞去，可以到一個冰涼的深潭，很多當地居民喜歡在裡面游泳、戲水、納涼。記得工作隊有一個隊員，下工後跑去游泳，遇到漂亮的原住民女孩，結果不知怎的，惹出一些感情風波，泡水變成泡妞，後來隊長出來罵人：「某某，你不准再去玩水了！」

還有一回，原住民用牛車拉了滿滿的大西瓜兜售，隊長見狀說：「啊，來買一顆西瓜。」一顆超級大西瓜僅台幣二十塊。隊長把它泡在溪水裡，待它涼透了，剖開來大家分著吃，想起來在炎熱的夏天，汗流浹背之後，分得一片西瓜啃，啊，那真是人間享受了。

三棧溪因為河面有很多巨石，現在以溯溪聞名。這些休閒活動是以前經濟還沒起飛時，大家過得苦哈哈時不可能想像的。這一個月實習的薪水竟有四千塊台幣，在當年是很大筆錢。記得一九八一年我留學回國在台大任教時，一個月薪水不過幾千塊而已，這四千元對家計不無小補。

多年之後，我帶著太太、兒子來花蓮玩，每次搭火車經過這裡，我都把他們搖醒：「欸，不要睡了，起來！起來！這個橋墩是我訂的座標。」

當年北迴鐵路是單軌，後來北迴鐵路雙軌化，才在舊橋一旁做了新橋。自然以前我們建造的三棧橋就被歸為「舊橋」了。我擔任院長時曾到花蓮視察計畫興建的「青年住宅」基地，聆聽簡報時，早年工程隊租賃的房子就在簡報位置的附近，又勾起我四十年前在三棧溪鐵路橋墩測量定位的往事。

對腳下土地的人文關懷

這幾年我常往東部跑，經常利用假日到花蓮擔任一日農夫。台十一線花東海濱公路由北往南，過石梯坪風景區不久，來到秀姑巒溪出海口，遊客總是眼睛一亮，被那氣勢非凡的「新長虹橋」吸引，在濃綠青山溪谷之間襯托著橙紅色鋼鑄拱橋，它是秀姑巒溪泛舟的終點站，更被當做東海岸的新地標。

距離它百來公尺處，另有一座原始的長虹橋。純混凝土的橋身，沒有一根橋墩，像一座彩虹橫跨碧綠的山壁而出，看來秀麗典雅而簡素。「舊長虹橋」建成於民國五十八年，長一百二十公尺，為台灣第一座懸臂式單拱預力混凝土橋，橋碑由黃杰將軍題下漂亮的毛筆字「長虹橋」。

在長久的歲月中，它跨過秀姑巒溪連接著港口與靜浦兩大聚落，提供便捷安全的交通。雖然十多年前，它因交通量劇增，逐漸不敷使用，才又增蓋「新長虹橋」。舊橋功成身退，僅單純提供行人散步覽勝。

站在這裡往溪谷方向望去，可以看到秀姑漱玉、深邃山景之間溪水緩緩流來；調轉另一頭往出海口望去，可見壯麗的新橋、更遠一點的奚卜蘭島……天空海闊，海面偶有鷗鳥孤飛。

這座橋其實是由台大土木系陳文奇教授設計，我在學生時期修過他的橋梁設計課程。他是認真的老師，長得高大壯碩，上課很有勁，油印分發的講義詳實豐富，每次下課鈴響了，他還是滔滔不絕，總要告一段落才下課。

如今，教授早已不在世了，長虹橋可以說是他這輩子的傑作之一（另有北橫路途上復興、巴陵、大漢三橋）。每次經過這裡，我都想到他。土木工程師留在這個

花蓮三棧溪鐵道美景，後方的橋為張善政當初測量的舊橋。(吳錦勳攝影)

世界上，就是這樣讓人懷念其作品。想想，電機工程師開發了一個晶片，一代一代更迭，去舊換新，把手機、電腦丟掉，晶片也跟著消失。但是土木工程師建造了一座橋，幾乎可以永恆地矗立在溪谷上，供人行走。

即使他的名字被人遺忘，或者時光久遠不再有人關心當初誰設計、誰建造的，但一個土木工程師所求的，就是這種近乎永恆的奉獻與服務。就好比早年我在三棧溪量測橋墩，橋或有新有舊，工程技術或許有大幅的躍升，但不變的是這樣的人文精神。

我是工科男，土木本身是跨領域的專業，不論是鋪公路、搭橋梁、蓋水壩、建高樓、挖下水道……土木其實跟我們的生活息息相關，如何蓋出地震來襲時不會倒塌的房子？如何在湍急的河面建造一座堅固的橋梁？土木工程的本質就是在「解決問題」，亦即用工程的手段，完成「利用厚生」的使命，讓所有人獲益。而且在技術日益精進的今天，土木開發的同時更可以想盡辦法兼顧環保生態。也因為土木的長期訓練，我一直思考如何設計好的生活環境，讓大家可以安居樂業，其實土木是人文關懷的一種實踐方式。

日後我由工程師的角色，意外地走入政治，雖然職位頭銜改變了，但是我想解決問題的心態並沒有變，好比面對登革熱、禽流感、寒災等等，我沒有黨派考量，沒有包袱，不需要想到複雜的政治算計或是意識型態上的糾葛，一心就是想辦法幫助災民，從最好的角度來處理事情，這是土木無形中給我深遠的影響。

第四章

坦誠

接受真實的自己

即便拿到美國學校的入學許可，也不見得一定申請得到學生簽證。沒有簽證，其他一切都免談。我要去美國領事館辦簽證前幾天，拿出家裡存摺，看到那「樸實」的數字，心裡七上八下，根本沒有把握，如果財力證明過不了怎麼辦？留學美夢就會變成一場空。

來來來，來台大；去去去，去美國

七〇年代，是學生們普遍出國取經的高峰年代。一九七六年，當我台大快要畢業時，同學間經常問候的話是：「你去不去？」去哪裡？當然是美國。在我們那個年代，很多大學畢業生有一種美夢——「出國念書」，而這個「國」通常是指「美國」，尤其是台大畢業生絕大部分把出國當成是人生最好的選項，那時流傳一句話叫做：「來來來，來台大；去去去，去美國！」

不可諱言的，那時台灣的整體研究環境，從碩士到博士都沒有那麼吸引人，主要的風氣還是向國外取經。很多人拚命考進台大，最終為了可以留學美國。當時的教育政策也是鼓勵學生盡量出國深造，可以說大環境與風氣皆是如此。

我們土木系畢業班不算特例，將近一半同學都出國，其中大半的人拿到學位後，便留在美國、工作、成家立業。甚至有的熱門科系，如台大電機系在那個年代，竟有高達九〇％都去了美國，想要舉辦同學會時，還要去美國。今天美國有很多有成就的華人，或在學界教書，或在著名的實驗室，又或是自行創業，更有些人歷練多年之際，待台灣條件更成熟之後，帶著寶貴的海外經驗，回台貢獻。

當然，我也是這龐大留學風潮底下的一名學生。然而，一個社會培育出大量的知識份子，最後卻長居國外不歸，這種現象也是有人反省、批評的。多年前，某位年高德劭的前教育部長便說道：「台大學生對不起國家！」當我們自己從美國回來教書時，很多大學也成立一定質量的碩博士班，畢業生有更多選項，不少學生便選擇繼續留在台灣攻讀碩博士，那又是另一番景象了。

總之台大畢業之後，我便出國攻讀碩士，同時計畫以博士為最終目標。可能我大學成績不壞，托福也考得很好，我所申請的學校，包括史丹佛大學、麻省理工學院、康乃爾大學等六、七所大學都發給我入學許可。有趣的是，唯一拒絕我的是「加州理工學院」，該校在入學申請時需要提交「名次證明」，後來我知道他們幾乎只挑選第一名畢業的學生。台大不太逼，我順著本性念書，恰恰好以全班第二名總成績畢業，不符合他們的入學資格。

經驗老到的學長建議我，申請學校必須運用有效的策略，如果打算要繼續念博士，就得先申請頂尖學校攻碩士，而且要拚到最好成績，這樣將來攻讀博士時，比較有機會獲得獎學金。因為在美國拿博士需要非常多資源與條件，如果沒有獎學金，一般家境普通的人，根本上不了長春藤盟校或是私立貴族大學，至於窮人家的孩子，根本就不必想。

我們家環境並不好，父親已經用他大部分的退休金硬湊了一筆錢助我出國，但這筆錢僅足夠第一年的花費。如果全額負擔，在這裡念書一年大約得花掉相當於當今的兩百萬台幣左右。我雖然順利申請到史丹佛碩士班，我還冀望能夠再獲得獎學金。然而，當年美國碩士班已經發展到大量教育的階段，一班可以收到六十人，可想而知，在美國念碩士根本就不是什麼了不起的大事。我一開始不了解，只想到台大研究所一班最多二十人，覺得很稀罕。對比之下，在美國有這麼龐大的碩士生同時競爭時，幾乎不太可能再提供個別的獎學金，除非是很特別的情況。

其實當時另一所名校康乃爾大學碩士班願意提供我研究助理獎學金（Assistantship）。這應該歸功於曾在康大攻讀土木博士的土木系老師，在推薦信中對我諸多慷慨的美言。

我有點心動，但是康乃爾大學獎學金通知來得太晚，我已經先回覆要自費就讀史丹佛大學了。再說，康乃爾這筆獎學金並不是無條件的，必須擔任研究助理或助教，這些可能會分占不少念書的時間。

我之所以選擇史丹佛大學，除了它位於加州舊金山灣區南端，離台灣比較近；另外熟識的同學也申請到灣區北端的柏克萊大學。但真沒想到，日後我還是與康乃爾大學有另外的因緣。

拿不出像樣的財力證明

當時台灣與美國仍有邦交關係，「美國領事館」內申請學生簽證的人很多，等待面試的人往往大排長龍。而氣氛如此緊繃的原因在於，即便拿到美國學校的入學許可，也不見得一定申請得到學生簽證，因為當年也有不少花錢就可以拿到入學許可的「野雞大學」。有簽證，才能踏上美國國土，沒有簽證，不論觀光或留學一切免談，這種緊張的心情，不是今天赴美免簽，可以比擬的。

而請辦簽證需要財力證明，要去美國領事館辦簽證前幾天，我拿出家裡存摺，看到那「樸實」的數字，心裡七上八下，根本沒有把握，如果財力過不了怎麼辦？

當然申請到史丹佛會有一些說服力，但這並不是百分之百、十拿九穩的事，還需要存款證明，而且帳戶裡的錢不可以借來充數，必須存入戶頭至少達到幾個月以上，太短時間還不行。麻煩的是，具體上究竟需要多少錢，其實沒有明文規定，大家都不清楚，由簽證官針對每個不同個案加以認定。諸多不確定因素，都教整個簽證申請流程充滿懸疑與深重的不安之感。

我十分擔心拿不出像樣的財力證明，無法拿到簽證。那時父親已經自中油退休，在一家民間公司擔任總經理。這家公司的老闆是華僑，在美國事業成功之後，再回台灣發展。總之，母公司至少是一家美國有名的公司。

為了彌補這羞赧的財力證明，或許出於年輕的痴心妄想，我不知哪來的膽量，盤算著，若能請到美國有名的公司幫我背書，不是很好嗎？於是不識趣地跑去找父親的老闆，央求他能為我開立一張「體面」的財力證明。

但是，了解美國國情與企業文化的人都知道，他們不吃人情這一套，美國一是一、二是二，他們一下就把你看破了。

我那時的確是太不懂事了，這些異想天開的做法，都是因為恐慌擔心之下，想一些沒有用的點子、做一些蠢事。想想你一個台灣大學剛畢業的學生，憑何能耐教一家美國公司為你擔保財力？為一個去美國留學的學生弄一張財務證明？

提一下後話，現在有些年輕朋友跟我見過幾次面、聽了幾次演講，就要我為他們寫去 Google 求職的推薦函。站在了解美方行事的立場，這樣做根本行不通。因為他們一定會查問你跟推薦人認識多久？什麼背景下認識？實際互動的情況？如果不是你長年的老師，不是你工作單位的主管，無法講出個可以信服的道理，在美國最後仍是站不住腳。

事情發展到最後，我逐漸了解簽證官並不會那麼容易被騙，這個蠢方法根本行不通，不管多麼微薄，我還是乖乖拿家裡的財力證明。

一個信封的神助攻

終於還是來到辦理美簽的這一天。在美國大使館排隊申請學生簽證，幾乎成為當年赴美留學生的共同記憶。中美斷交之後的AIT情況更是如此。美方深怕有人假冒留學名義「跳機」，因此面試往往問得相當仔細，態度提防而嚴峻，例如：「為什麼選擇這間學校？」「錢從哪裡來？」「畢業後會留在美國嗎？」「有家人親戚住在美國嗎？」

如果簽證官覺得可疑，他便會一直挖、一直挖，直到你招架不住、無法回答。當時有種人心惶惶的感覺，大家都深怕簽證不過。實際上，當年被打回票的人不在少數，甚至有些人當場嚎啕大哭起來。

也許是我過度擔心。好不容易等到我正式面談時，面試官雖然嚴格，卻也不會特別為難，就是拿出事實逐件俱呈，一是一、二是二。好在我申請到名校，在他們心中或許很有說服力。另外有一個插曲是，我出門時為圖方便，隨手抓了一個牛皮紙袋裝面談的文件和各項證明，只是覺得紙袋夠大、夠厚好用。一時間，沒有注意到這信封是ＭＩＴ寄來入學通知的信封。正當我緊張翻找備審資料時，審查官無意間瞥見信封上印著ＭＩＴ校徽及地址等字樣，便順勢問我：「你是否也申請到ＭＩＴ？」我點頭說：「是！」

不知是否因為如此，面談過程還滿順利。事實上，我真的過度緊張，他們評判簽證的發出與否，其實有很多細微的觀察，對答內容、備審資料、財力證明等等，還可能包括一只不起眼、被忽略的信封袋。

我雖然沒有選擇ＭＩＴ，但是ＭＩＴ卻對我來一個神助攻。拿到簽證之後，我就準備飛到史丹佛求學了。我的父母親與妹妹都一起來松山機場送機。機場聚滿很多準備留學的學子，手裡清一色拿著單程機票，有的人激動話別、擁抱、牽手、流淚……場景有如生離死別一般。

這是我有生以來第一次出國，沉重的心情有如我手裡巨大的行李箱，待會兒登機門一關，我就踏上了無可預料的未來。

張善政父親張同文所拍攝的海邊景色。

第二部

追

新知

自由之風永遠吹拂

第五章

鷹眼

看見事物本質的是心，不是眼

寫程式寫習慣了，我可以很快偵錯，寫出來的程式幾乎都沒有錯。在美國念書時，老外、老中寫程式跑不出來，自己檢查兩小時看不出來，我兩三下就找出錯誤的地方，他們為我取了一個外號 Eyes of An Eagle。我不是眼睛利，而是心很細，因為讓一個人看見事物本質的不在於眼，而在於心。

從松山機場經過十幾個小時的長途飛行，我抵達加州。馬上見識到一個與台灣截然不同的世界。我在美國前後度過了五年青春歲月，這是人生一段無可比擬的求學生涯。

史丹佛大學位於舊金山灣區西南部的一座城市—帕羅奧圖（Palo Alto），以加州八十二號公路為中線，路的東半側是帕羅奧圖市，西半邊便是史丹佛大學。這裡有一株據說有千年歷史的老樹，市徽當然是這株壯麗的杉樹，有意思的是，史丹佛大學的校徽也是這株巨杉，而我們的校訓是德文寫下的「自由之風永遠吹拂」（Die Luft der Freiheit weht.）。

史丹佛大學為矽谷的形成和崛起奠定了堅實的基礎，被視為是以自由探索、大膽創業聞名的發源地，培養了眾多高科技公司的領導者，包括惠普、Google、雅虎、耐吉、羅技、Snapchat、Sun、Nvidia、思科及LinkedIn等公司的創辦人。

不同於台灣的教育制度，史丹佛大學採取學季制（Quarter），約三個月為一學期，將一年分四個學季。各為十週左右的時間，一年大約有四十個學週，而開課時間主要集中在秋冬春這三個學季，分別為九月的秋學季、一月的冬學季、四月的春學季，到七月開始是為期約兩個月的暑假。

吹拂史丹佛的自由之風

史丹佛大學的碩士班當年的註冊費一個學季逾一千四百美元，我在史丹佛攻讀碩士一年三個學期，就花去四千兩百美元。而且生活費一年也差不多要四千美元，所以那時帶去美國的錢約八、九千美元，當時美元兌新台幣是一比四十，都快四十萬了，以當年物價足以在台北買一間小房子。

光是留學的第一年花費，基本上已經耗盡了我父親的退休老本。（想想一九八一年，我從美國拿到博士回台大教書時，薪水才不過幾千元而已，便可以得知史丹佛的學費有多貴！）因此，能到美國念書勢必要破釜沉舟，碩士只有一年，不必寫論文，但接下來如果拿不到獎學金的話，要再深造博士根本是免談，只能回台灣。

飛到史丹佛大學報到時，學校申請宿舍的時間已經過了，臨時宿舍只能暫住個幾天，國際學生中心專門協助異鄉學子的熱心志工，帶我去找房子。學生中心有一份租屋清單，有些房東他們注明只希望租給國際學生，目的是想要與不同國家的學生做文化交流。

熱心的志工帶我到校園附近找房子，運氣不錯，我們看到第二棟房子，就找到住處。這個獨棟的美式宅邸呈L型，明亮寬敞，後院草地旁還有一個游泳池。我看了附有衛浴設備的出租房間，便很快付了訂金。

房東與我客氣地聊了幾句，問我哪裡來的？主修什麼專業？當時一個月租金要八十美元，我付給房東太太一百美元的紙鈔，她找我二十美元之後，還盯著手裡的紙鈔看了好一會兒，面露驚訝地說：「噢，我這輩子很少看到一百美元的鈔票！」可見那時美元有多值錢。如今加州的房租一個月至少一、兩千美元起跳，差異何其大！

訂好房間，志工帶我回學校，讓我把行李搬過來。離開大門之際，志工忽然想到什麼似的對我說：「咦，這家人好眼熟？在哪裡看過？可能是市長家喔？」

初來乍到，我自然也不明就裡，反問：「真的嗎？」果然，住了一陣子之後證實了，房東真是帕羅奧圖市市長。帕羅奧圖市的面積不到六十七平方公里，算是一個精美的小城鎮，而他們的市長經由市議會選舉出任，並不是專職的政治人物。我房東的正職是聯合航空的高階主管，工作之餘才是「市長」。這個市長帶有著公共服務性質，常常在他的宅邸裡舉辦派對，不時有政商界要人蒞臨。還有幾次，我接到一些華盛頓特區打來的電話，當時我對政治不了解，只知道他在當地很有威望。因為常常寫信回家，如今我還記得市長宅邸的地址，有時打開Google map從空中鳥瞰，回味一番，那藍色的游泳池真是醒目。畢業之後，我還回去拜訪過房東一、兩次，感情一直很好。

我的房間位在廚房內裡的臥室，小小的，有獨立的出入門，沒有電視、冰箱，中飯、晚飯在學校或外面自己解決，早餐得自理。因為沒有冰箱，也不能使用電鍋，我不能買果醬、牛奶、奶油或肉類等需要冷藏的食品，早餐我往往一口氣準備三天份的土司、花生醬以及罐裝番茄汁簡單應付。

為了減輕經濟壓力，經由朋友介紹，有時晚上我還得兼任babysitter（保母）。情況常是某某先生、太太當天晚上要赴約，家裡有兩個七、八歲男孩要看管，小孩子依法不能讓他們獨自待在家中，擔心有什麼意外發生。我通常會帶功課過去看，或自己寫點東西，總之，他們只要不出亂子、發生危險或惹禍就好。保母的工資一個晚上三個小時，大約兩美元。節省一點的話，可以吃上一頓飯。

在史丹佛攻讀碩士這一年是極為充實的一年，我所選修的課都是我這輩子上過最好的課程。開課的老師泰半是撰寫國際聞名教科書的大師級學者，上課也都是用自己寫的書，而且均由全美最知名的出版社出版。

老師們無不傾其畢生學力，做最詳盡準備、用最好的教材、條理清晰、深入淺出，讓我對史丹佛老師的教學品質佩服得五體投地，我這輩子上課從來沒有遇過老師這麼會教。也同時體會到為什麼史丹佛可以收這樣高昂的學費，因為它的確提供高品質的課程。

在這修課的三個學期中，我念得非常刻苦，覺得能出去讀書，是得自父母的犧牲，以及社會上很多人無形的供養，如果不把書念好，簡直「無顏面對江東父老」。九個月之間，我卯足全力修了十六門課，拚到八個A＋、八個A的成績，順利取得碩士學位。

初嘗解放之感

在史丹佛讀書的這一年，讓我產生很強烈的幸福感，這個全美大學面積數一數二的校園，實在是太漂亮了，西班牙教堂風建築、典雅的四方院、紅瓦黃牆的長長拱廊、濃鬱的紅松樹林……加上加州氣候乾爽舒服，夏天不會太熱，不太會流汗，冬天有點涼，又不會太冷，講什麼優點就有什麼優點，有時候甚至會覺得世界上怎麼會有這麼好的地方，曾經想過，我若能一輩子留在加州，住在史丹佛附近那有多好，那真是上輩子修來的福分。

加州一直是一個相對開放自由的地區，在六〇年代美國「反越戰」和「非裔美國人民權運動」等大背景下，由柏克萊發起的言論自由運動（Free Speech Movement），更對美國校園及社會產生深遠的影響。那時中國大陸還沒有開放，僅有訪問學者到美國去，隱隱然華人學生中已經分出了右派與左派；有台獨的、有挺國民黨的，也有支持紅色中國的。大體而言，理工科的學生功課繁重，關心的領域不同，不太會涉入政治活動，我只有一次參加了舊金山舉行的雙十節

張善政在史丹佛求學時極為用功，九個月便以
優異成績取得碩士學位。照片為張善政畢業時
在史丹佛最具代表的紀念教堂所拍攝。

愛國遊行，一路呼口號、唱愛國歌曲。這是過去在台灣不曾有過的開放文化。

此外，我還體會到一種私人的解放感。因為當年在香港辦《明報》的查良鏞（筆名金庸）被視為左傾、親中，因言賈禍，導致金庸的武俠小說在台灣被列為禁書。然而，史丹佛大學圖書館卻收藏一整套金庸的武俠小說。過去我在台灣從來沒有機會看金庸，偏偏他的武俠小說一旦看了就會上癮。那些書之熱門啊，每個留學生都搶破頭借閱。

每次去圖書館，都發現早已被借走，館方問要不要預約，大家總是異口同聲：「當然要預約！」雖然念理工很辛苦，但是手上有一本金庸，那就宛如遁入另一個世界，足以教人廢寢忘食地嗜讀，心想：「以前在台灣怎麼沒有看過這麼好看的武俠小說！」金庸把歷史和武俠小說結合得太好了，愈看愈是驚叫連連，我此生開了武俠的洋葷便是在史丹佛圖書館，於是一套接著一套地把金庸的武俠小說都看爛了。

康乃爾的召喚

一年之後，快畢業了，我申請到康乃爾大學的博士班。很多人可能會問：「史丹佛這麼棒為什麼不繼續念？」我對自己成績滿有把握，博士班也只申請康大一所而已。原本史丹佛印度裔的系主任很希望我能留下來繼續念博士，同時為我設法申請獎學金。但史大提供的獎學金屬於研究助理獎學金，意即必須要兼任不少教學工作；對比之下，康乃爾卻提供了全額獎學金，可以完全不必擔任任何助教職責，讓我可以更加專注於研究。

此外，還有一項更重要的理由：七〇年代後半期，土木本科之中最有發展的應屬「結構工程」，而且運用電腦進行結構分析也已是相當普遍的事了，再加上美國因為大量發展核能電廠，設計核電廠必須做到極高的抗震強度，因此結構分析與「地震工程」成為當時土木學界的顯學。當然這項抗震技術同時可以普及於一般摩天大樓等建築物。如果我仍然留在史丹佛的話，也應該會跟隨系主任投入抗震工程方面的領域。

但是，康乃爾大學卻以剛萌芽的「電腦繪圖」，燃起我更強烈的好奇心與求知欲。那時，電腦還在發展之中，電腦繪圖更是極為前衛的想法。而康乃爾大學當年為美國唯一教授電腦繪圖的學校，當時我曾向母校台大土木系主任探詢，他的看法很值得玩味：「你如果喜歡新東西的話，康乃爾大學正在發展新的電腦繪圖技術，你可以注意一下。」

我考慮之後，決定跨出傳統土木工程領域，轉而探索未知。這個選擇也徹底地改變我人生的走向。

康乃爾大學位於美國紐約州的綺色佳（Ithaca），坐落於風景秀麗的半山上。康乃爾大學被公認為常春藤八所大學（布朗大學、哥倫比亞大學、康乃爾大學、達特茅斯學院、哈佛大學、賓州大學、普林斯頓大學、耶魯大學）中校園最美、占地最廣的學校。校園裡內有河流、山丘及瀑布，山環水繞，極為宜人美麗。

康大採取學期制（semester），如同台灣的大學一學期半年，它的土木系並不是只有一個系，而是一整個「土木學院」，底下才分兩個系統：「結構工程系」與「環境工程系」。我在結構工程系攻讀博士。那時期，前台積電執行長蔡力行正在攻讀材料博士，我們住在同一棟宿舍，也和當時在康大攻讀法學碩士的蔡英文打過幾次照面，但她一年後就轉到英國攻讀博士了。

初到康乃爾的第一年，我集中把博士班要求的必修課程修完。第二年開始，慢慢做研究，很順利地在康乃爾大學以三年半通過口試，拿到博士學位。之後我又在康大留了半年做博士後研究，總計在康乃爾大學待了四年，加上先前在史丹佛的碩士一年，我總共留美五年。

鷹眼的訓練

來美留學整體而言，已經改變了我的技術能力、學術視野、跨領域的探索等等。

我以「自由曲面的結構設計」做為論文主題。要在電腦中把幾何形狀及表面質感精確地描述出來，它需要用到幾何學，數學必須要好，同時程式能力要很高強。當時許多老外、老中同學寫的程式，在電腦裡跑半天沒有結果，就跑來問我：「San（我的名字「善」之英文暱稱），你看，這個程式為什麼跑不出來？」我拿起他們的程式掃描一番，兩、三下就找出他們錯誤的地方。比方變數名稱前面用單數，後面多加S變成複數，我一眼就看到這個地方不對。

有時候他們自己檢查兩小時看不出來，我看幾分鐘就看出來了，因為相似的案例太多了，久而久之，他們為我取了一個外號：「Eyes of An Eagle」——像老鷹般的眼睛，雖然這有點誇張，我也不太以為意，但事後也愈發覺得，這個綽號的確點出了我的某種特質。

年紀比較大一點，我對自己稍微比較了解，其實我是「巨蟹座」的性格，有時不太願意把內心曲折講出來，將很多東西保護得好好的藏起來；其次我是一個心思很細緻的人，只是有時候告訴自己不要執著到這麼細。因為我寫程式寫習慣了，有時程式碼裡一個小數點出了問題，應該是逗號，就不能是句號，這些差距極細微，粗枝大葉一點就混過去了，但是通常我的程式寫出來之後，幾乎都沒有錯，再檢查、偵錯一下就全都挑乾淨了。

其實，我不是眼睛利，而是心很細。如同《小王子》中的一句話：「真正重要的東西，眼睛是看不見的。（What is essential is invisible to the eyes.）」讓一個人看見事物本質的不在於眼睛，而在於心。

第六章

創新

猶太教授教我的事

我在康乃爾大學的指導教授葛林伯格桃李滿天下，不僅讓迪士尼動畫開啟全新視界，門下學生也得到五座奧斯卡獎及五座艾美獎的殊榮。他終其一生示範「破壞式創新」，啟發了我不斷跨界，塑造終身自學、獨立思考能力，以及永不滿足的「好奇心」。

在康乃爾攻讀博士階段，我主要向兩位猶太教授學習，一個是我真正論文指導教授，另外是精研「電腦繪圖」的唐納德．葛林伯格（Donald Greenberg）教授。他在傳統土木結構專業對我的影響沒那麼大，但是以「觸類旁通」的創新來看，不得不說，葛林伯格的言教與身教對我啟發最大。

史上首幀電腦動畫問世

今年已經高齡八十五歲的葛林伯格教授，早已是康乃爾大學的傳奇人物，更可以說是全球動畫界的祖師爺。

他生於一九三四年，早年即是才華洋溢、又善於足球及網球運動的風雲人物，三十四歲時拿到康乃爾大學土木工程學博士，一度進入建築師事務所工作。六〇年代末，他同時接受工學院及建築學院聘任，到康乃爾大學建築系教書。他也逐漸意識到過去土木系的訓練和建築系有所不同。土木系強調結構運算，而建築系更強調基本繪圖能力的訓練，有些建築大師（如安藤忠雄）更是標榜徒手畫出一公尺長直線的能力。葛林伯格以一個土木博士的身分做建築師的工作，發現龐大綿密的繪圖作業不僅對他是一項負擔，更暴露了他的缺陷。

他想到自己既然欠缺正統建築師繪圖的訓練及功力，那麼可不可以用電腦協助繪圖？這樣的發想，教他跳進去研究電腦繪圖的可能性。

一九七一年，他首創石破天驚的鉅作——「Cornell In Perspective」。雖然只有短短二十五秒，卻可說是人類史上第一捲全電腦製作的動畫。但這項劃時代的任務，當時可以說是困難重重。從葛老教學的老照片來看，四十多年前電腦終端機還是個大傢伙，擺起來像個冰箱般碩大，更不可能有隨意輕巧挪移的滑鼠，一切指令必須藉由打孔卡、數位板、繪圖筆來溝通。

而為了製作這個動畫，葛林伯格利用打孔卡把康乃爾校園座標全部輸入電腦裡。這個打孔卡是一塊紙板，在設定的位置上利用打洞與不打洞來表示數位訊息，類同於後來發展出的1與0的概念，相信早年修習電腦課程的「老」朋友都有相似的經驗。如今打孔卡雖已過時，但其設計理念轉變成現今常用於考試及彩券投注的光學畫記符號辨識卡片。

由於要處理的打孔座標資訊量太大，康乃爾大學的電腦也無法運算，那時葛林伯格教授開車到一個多鐘頭車程遠的美國著名的奇異電子視覺模擬實驗室（General Electric Visual Simulation Laboratory），借用他們的電腦，將打孔卡一一輸入讀取。

最後電腦運算出的圖像，直接錄成錄影帶。影片一開始就呈現康乃爾的校園名景——詹森藝術博物館（Herbert F. Johnson Museum of Art）。它是由貝聿銘設計的現代主義建築，整體看起來像是由幾個長矩形組成的灰白混凝土的盒子，也是全美數一數二的大學博物館。隨著畫面拉近、拉高之後，可以看到校園後方的卡尤加湖。

這可說是人類有史以來，第一次運用電腦針對實景座標運算出來的影像紀錄，現在看來似乎簡單，但在當年可是創舉。為了彰顯它的劃時代意義，一九七四年五月美國最有名的科普雜誌《科學美國》，便以這棟博物館建築的夜景圖做為封面，並以大篇幅內文表彰葛林伯格的成就。

親臨電腦繪圖大師門下

我初來康乃爾時，這個動畫已經做出來了，很多人都驚嘆：「啊！好厲害。」但也有人冷言冷語批評它粗糙不逼真。雖然以今天的眼光來看，這捲錄影帶顯得初階原始。可是沒有幾年，隨著技術的大幅躍升，康乃爾大學已成為全美，甚至全世界排名第一的電腦繪圖研究重鎮。

這些都歸功在葛林伯格領導下，他與眾多學生們推動了一連串的技術性變革，如立體空間座標轉換的計算模型，成為今天GPU的濫觴，以及他最厲害的光線吸收、反射與折射之「輻射度演算法」（Radiosity），可以模擬複雜的自然光線現象，其他如飄渺不定的煙、霧、火；或是各種特殊的質地，如岩石的紋理、毛髮、樹葉、蘭花、衣服百褶裙的變化，幾乎所見之

1974年5月美國最有名的科普雜誌《科學美國》以詹森藝術博物館的夜景圖做為封面，並以大篇幅表彰葛林伯格的成就。

張善政在康乃爾大學攻讀博士受到葛林伯格教授極大的啟發，使他保持終身的自學力和跨界創新力，圖為他在康大著名的詹森藝術博物館前。

現象皆可以用電腦逼真寫實的刻描出來。

葛林伯格一手開闢了電腦動畫的先河，現在活躍在動畫業界的要角，幾乎都是他的學生。好比早在一九七六年，也算是我的同學馬克・羅沃伊（Marc Levoy）發明了一種叫做「Cell Painting」的技術，只要在畫面輕點一下，之後電腦會在限定區塊自動上色。他曾想將這項技術推廣進迪士尼，可惜不被接受，之後由「漢納巴伯拉動畫」（Hanna-Barbera Productions,Inc.）公司採用，進軍好萊塢。有意思的是，該公司動畫主要代工廠即是台灣著名的「宏廣」公司，某個意義也帶動了台灣動畫的發展。宏廣曾經是全世界最大的單一動畫影片代工龍頭，規模最大時承包高達全球近三分之一的影集，成為這個龐大產業鏈不可或缺的一環。

馬克・羅沃伊之後任教於史丹佛大學，退休後擔任Google創研工程師。而當年跟我一起在康乃爾大學實驗室熬夜的羅伯・庫克（Rob L. Cook），一九八一年加入甫創立的皮克斯（Pixar Animation Studio）公司，後來成為該公司先進技術副總裁。當我正在研究電腦繪圖在土木工程上的運用時，他卻埋首鑽研動畫技術。

一九八八年皮克斯推出第一次嘗試做出人體動作的四分多鐘動畫短片「Tin Toy」。這部短片一鳴驚人，贏得了奧斯卡最佳動畫短片獎、第三屆洛杉磯國際動畫節一等獎，以及美國電影協會藍帶獎，是第一部獲得奧斯卡的動畫短片，也是「玩具總動員」的創意來源。

二〇〇一年羅伯．庫克十年磨一劍，創作 photo-realistic 電腦影像的 RenderMan 軟體，與兩名同事榮獲奧斯卡「先進技術獎項」的肯定。這項技術也創作出廣受世人喜愛的多部賣座動畫電影，包括「玩具總動員」「怪獸電力公司」「海底總動員」及「超人特攻隊」等。

葛林伯格門下眾多天才學生，憑著優秀的作品，總共拿下五座奧斯卡及五座艾美獎，這簡直是一項無人可及的金氏紀錄，世界上大概很少有教授可以教出這樣高水準的學生陣容，他之後也當選美國工程學院院士。雖然葛林伯格沒有拿諾貝爾獎，但已經是諾貝爾獎等級的了。電腦動畫技術不斷演進成熟之後，才會有這幾年「侏羅紀公園」「阿凡達」「鋼鐵人」等逼真的電腦特效。

大膽跨界，找到新的地平線

葛林伯格教授是跨學科、跨領域的創意代表，現在八十多歲的他還在康乃爾大學教書。他在電腦科學系教「電腦繪圖」；在建築系教「電腦輔助設計」；在藝術系開「電腦動畫課程」；商學院甚至找他去教「科技創新策略」，他本人就是一個活生生的傳奇，甚至以今天的眼光來說，他根本就是「斜槓青年」開山老祖父級的原型。

美國大學鼓勵創新與垮領域的運用，這種風氣之盛，造就今天科技的強大與活力。回過來看，如果我在台大土木系推動這個，有可能被視為是「不務正業」。可是葛林伯格教授卻可以從土木、建築跨出去，抓緊新的科技動能，找到嶄新的地平線，不但改寫歷史，也打造出今天全世界動畫的新境界。

我在康大博士期間，葛林伯格教授便是我的恩師之一。在他的指導之下，我以「自由曲面的結構分析」做為論文主題。什麼是「自由曲面」？簡單說，就是形狀無法用傳統數學式定義的曲面。其實我們的現實世界到處都是自由曲面，如花瓶、水壺、汽車保險桿、飛機圓潤的表面、輪船外殼、澳州雪梨歌劇院的屋頂、巨蛋的造形、動畫中恐龍打架掉下來的鱗片等等。但是這些不方、不圓、不規則的自由曲面，無法以傳統數學式子描述，更是土木工程經常遇到的挑戰。

我的博士論文前半主題便聚焦在這類棘手的「自由曲面的電腦繪圖」之數學模式。只要是人的眼睛所能看到的物件，比方戶外的樹葉、車子、石塊、布篷等等，任何現實上的曲面，都要想辦法寫出正確的數學模型，並在電腦模型中精準再現。其最終的目標是讓現實世界與電腦模型兩者可以無縫接軌、完美溝通。

當自由曲面在電腦中建模之後，便進入我論文後半部的主題——「自由曲面之土木結構分析」，這屬於傳統土木工程範疇，主要探討曲面的結構力學，比方颱風來了受力如何？如何達到可以支撐的強度？受壓承重力如何？地震時會不會垮掉？整體而言，便是利用電腦輔助設計解決土木工程的問題。

想想，其實今天電腦動畫中很多東西都是「表面包覆起來」的形狀，只要是有表面，都與自由曲面具有一樣的數學邏輯。當時有人來實驗室參觀，葛林伯格教授就要我把曲面計算展示出來說明，只要他們想看什麼曲面，我輸入電腦之後，便可以很快做出那樣的漂亮曲面，甚至常常會做出有點藝術味道的東西。

謝謝你與我一起探索未知

十幾年前，我在宏碁工作時，當時的台大資訊系主任歐陽明（專精電腦圖學、訊連科技共同創辦人之一，亦為「台大通訊多媒體實驗室」成員）聽說我是葛林伯格的學生，請我出面邀請葛林伯格來台灣訪問。葛林伯格教授收到邀請，欣然接受。

來台之後，我們很熱情接待他，葛林伯格教授卻很謙和地說他其實「很感激我」。我聽了嚇一跳，心想以他的創意及地位，原本是受我崇拜與肯定的，而且他桃李滿天下、各個赫赫有名，我只是眾多學生中的一個，為什麼感激我？

他接著說：「當年我在草創這些技術時，其實不知道會不會成功？我很感激像你們這樣有創意又聰明的學生，願意跟我一起投身這個全然陌生的領域。也不知道將來到底有沒有發展，就願意跟我一起做這些，所以，我很感激你。」

我一聽心想，原本我只是以為我們學生珍惜你，我有沒有在你心裡那麼值錢，我一直不知道？直到葛林伯格教授講出這段話，得到他的肯定，頓覺溫暖與感動。

更教我敬佩的是，當年已經七十多歲的他，在我問他：「此行有沒有特別希望做些什麼？」他卻說想和台積電相關人員談談。我有點驚訝於他對科技產業脈動的掌握，他說：「晶元代工廠是現在科技革命背後的驅動力，台積電扮演十分關鍵的角色。」

過去在康乃爾時，我與同宿舍的蔡力行早已是舊識，葛林伯格訪台當時他已擔任過台積電執行長。於是我約了蔡力行，他們兩人在喜來登的咖啡廳長談，葛林伯格教授想了解台積電的「專業晶圓製造服務」，緣於他在康乃爾大學管理學院開設「破壞式創新」的課程，深知台積電在國際上商業模式的創新非常有地位，想一探究竟。

想想他年紀那麼大了，還為了開課而積極認真全球走透透，蒐集第一手題材，不斷找機會向關鍵人士請益，他如此好學，年事雖高，但絲毫沒有減損、熄滅求知的熱情。他做研究的深度可能無法像某位數學家開創出某項劃時代的數學理論，但是他創意的廣度及跨界整合的能力，真的是無人能及。他也經常鼓舞學生嘗試做不同領域的嘗試。

「創新與跨領域」是康乃爾對我最大的影響，日後我也經常以此自勉。如果留在史丹佛就不知道會不會有？可能也有，但應該不是透過這個方式。

葛林伯格教授完美示範一個創新與跨界的典範，這是一個漫長的故事，我何其有幸可以身處其中見證這整個歷程。他對我最大的啟發是「think out of box」，他教會我從土木到電腦繪圖不斷跨界，塑造終身自學、獨立思考的能力，培養出永不滿足的好奇心。

第七章

破舊

站在巨人肩膀上開創

不希望自己固守純土木領域，我督促自己鑽研電腦新技術用於輔助設計，開始跨界，同時帶回來史丹佛等名校高水準的教學品質。在台大十年，我始終保有探新究奇的熱情，自己找資源，用專案計畫籌款，為系上採購了一億元以上的新設備。

我拿到博士回到母系教書之時，只有二十七、八歲。在很多人的想法裡，不到三十歲的年輕小伙子就可以在台大教書，的確是令人稱羨的好機運。原本，我也以為自己會一輩子待在台大，教到滿鬢斑白直到退休。如果從一九八一年回台任教開始計算，教書二十五年可以退休，那麼二〇〇七年我早就退休了。

當時，真的無法想像我之後選擇的道路會那麼「奇怪」。

放棄美國夢

我的康乃爾大學的「老闆」（論文指導教授）是猶太人，對我非常友好親善，初到康乃爾攻讀博士第一年，原本校方承諾給我的「全額獎學金」出了點差錯，他為我向系所爭取、解決難題。拿到博士學位後，我留在康大做為期半年的博士後研究。當年因為不少人看好電腦繪圖的前景，投資老闆大筆資金，成立新創公司。他原本計畫我能在這半年期間，和同門師兄弟共同打拚，把公司籌組起來，待博士後結束的暑假，可以順理成章擔任新創公司的負責人。

這是美國傳統拓荒的創業家精神，若是繼續留在美國發展，沒有意外的話，我想經過幾年努力，日後財富、聲望、遠大前程，舉凡美國夢的一切，似乎都唾手可得。

但是我心裡卻也很多聲音，教我躊躇猶豫。

其實當時母系已經邀請我回台大任教，那時候沒有什麼人要回台灣，取得教職相對容易。更重要的是，隨著父母年紀愈來愈大，妹妹小我三歲，過去五年都是她陪伴父母，其實我知道，她也想出國念書，該是輪到我回來陪伴爸媽了，這是身為大哥的責任，也是獨子的義務；還有一項私人原因，現在講出來已經沒有關係，那就是一個人在外念書，內心其實非常孤寂苦悶，在一次台灣大學生訪美活動中，我認識了一位女孩，即便留美期間課業繁重，我總在寒暑假盡量擇空回台，就是因為心繫著她。但出於某些原因，她始終不願離開台灣。我想，若回台定居，我們的交往或有可能開花結果。不過，這個心裡的期待最後還是落空了。

種種原因交疊，幾番掙扎之下，我決定不留在美國發展。我向老闆坦言：「對不起！我不能留在美國，我要回台灣教書……」一開始他對我的變卦，頗感失望，有點埋怨地說：「我們不是已有君子協議了嗎？」我一直對老闆非常愧疚，也非常感激。他對我寄望很深，保留新公司的位置給我一段時間，希望我能回心轉念，直到最後不能無限期等下去才找新總經理接手。所幸，我們維持很多年的情誼，日後我還帶太太一起，由台灣出發，路程花了快三十小時，專程回母校參加他的退休酒會。

總之，一九八一年夏末，我結束了康乃爾半年的博士後研究，束裝返台，回到母系任教。

回台大耕耘「電腦繪圖」

我的編制在土木系結構組，系主任將所有關於電腦方面的課程都交給我規劃，而屬於土木本科的課程只有一、兩堂。我上學期開「電腦繪圖」，從各種數學模式開始教；下學期接著開「電腦輔助設計」，將電腦技術導入土木相關的結構與工程之中。這些課程絕對不是搶資訊系的飯碗，當時成立才五年的台大資訊系也沒有開這類課程。

一開始要推動「電腦繪圖」並不容易，我感覺真像是一腳踏在數百年堅實的土木傳統土壤；另一隻腳卻踏入全然嶄新的未來數位激流。我渾身感受著這種新典範來臨的興奮，想把這種最新的世界觀全部傳授給學生。

其實這早已是時勢所趨，當年在康乃爾，電腦繪圖已經打響名號，不但能得到政府與學校的經費支持，也有業界願意合作，所以學校裡面有相當完善的先進設備；另一所卡內基美隆大學（Carnegie Mellon University）也是如此，他們的電腦科系非常強大，全美名列前茅。其整個工學院都擁抱新科技，土木系更是全面朝向電腦輔助工程發展（二〇一八年泰晤士高等教育世界大學排行榜中，卡內基美隆大學排名世界第二十位，電腦科學排名世界第六位，工程和技術排名第十二位，商學和經濟學排名第十五位）。

他山之石的啟發，讓我也將這樣的跨領域思維導入課程，也就是把土木這種看起來似乎是很傳統的行業，與先進的電腦科技兩相結合，以電腦新方法解決土木所有難題，不必狹義框在結構裡，因此主持了全新「電腦繪圖實驗室」做為研究的基地。

今天個人電腦功能很強大，獨立顯卡、雙核運算、2TB超大硬碟等等，然而時間倒回三、四十年前，電腦整個軟硬體都才剛剛起步，個人電腦規格很簡單、陽春，功能也不強大，記憶體640K就很了不起，黑白螢幕上閃動著一行一行DOS系統程式碼。那更是一個沒有Wifi的年代，台大土木系系館背面一般人看不到的牆面，千瘡百孔似地鑽了大大小小的洞，讓密密麻麻的網路接線進出、攀爬；有時候有人挪動機器不注意，把桌子後面的線扯下來，或是老鼠磨牙把網路線、電腦線啃斷，網路就會不穩，經常斷線。

整體而言，電腦的普及和應用仍在墾荒的階段，個人電腦僅止於486、586[1]的程度，我們想要算的題目，光是程式本身都塞不進去，即便寫進去了，跑都還沒跑，就整個當機卡在那裡。

土木教學無法一時消化新技術帶來的變革，土木技師特考也不可能考學生寫電腦程式，只能考房子如何建造？承受幾級地震？耐震多久？因此有些系上前輩、老師心裡會打問號：「有這個必要嗎？」或是隱隱然覺得「這些電腦繪圖、輔助設計會成氣候嗎？」當然他們沒有惡意，只是理解不夠，自然抱持觀望、猶疑的想法。

還好當時土木系的兩任系主任，很有遠見，相當支持引進這項新技術，也認為應該提供「電腦繪圖實驗室」各種經費支援，回想起來，這真的是件功德無量的事情。

土木系的「怪胎」

體驗五年美國一流大學的優質教學，回台大教書時，我也盡量做到最好的準備，新學期的第一堂課，我一定將這學期十七個禮拜每週的教學內容及方向，向學生一次完整呈現。如果進度趕不及，對不起，立刻在同一週另外找時間補課。

這樣的教學態度，讓原本沒有這麼做的老師也被逼得這樣做，形成一種向上奮進的新氣象。回台大任教五年，我已經由講師、副教授升為正教授。整個實驗室學生人才濟濟，研究活力非常蓬勃。

我強烈感覺歷史來到了一個不得不改變的分叉點：土木與電腦的融合，是奇異的革命，一邊是傳統土木給人具象、強固、堅實、千錘百鍊的印象；而另一邊的抽象位元卻給人快如閃電、輕盈似羽、電光石火的翱翔之感。土木的肌肉身軀都還在，如今卻得以換上積體電路總成的精密大腦，賦予了它強大的新生命。

放眼台大校園，當電機系、資訊系聯手推動「摩爾定律」前進，軟體硬體加乘效應，電腦變得又快又強大的同時，那土木領域又如何可能故步自封？畫地自限、如如不動？我慢慢地意識到，去美國取經回到台大土木系，絕對不是偶然，必然有其獨特的使命。

站在巨人的肩膀，我可以繼續做些什麼？

那時我苦口婆心對學生們不斷提到「計算工程學（computational engineering）」的重要：如果將傳統土木、機械、水利、造船、運輸交通等任何工程，導入最新的「計算科學」，可以融鑄成全新的典範，進而對原本學科產生翻天覆地的改變。

一個小例子來說明。早年土木工程師「繪圖」拿一枝筆，按著量尺，趴在繪圖桌上，徒手一條線、一條線手畫。三十年前我們有了比較先進的電腦繪圖機，繪圖機要夾上繪圖筆，裝上特殊墨水，機械手臂「─咻──」畫出一公尺的線，比起用手畫又直又快，誤差僅有八百分之一，換算下來是〇．一二五公分。若換做今天的雷射印表機將會更加精準。

一台電腦繪圖機問世，就足以改變傳統工程繪圖的動態。因為再細心的人、技術再熟練，只要手繪還是可能有相當的誤差，一條線看起來關係不大，但是如果幾千條的話，那累加的誤差將會變得可觀。這也是當年房子多半最多蓋五層樓，就再也蓋不上去了。除了法規限制，也是因為現實上很多技術難題無法克服，甚至也有愈蓋愈歪的例子，當年有些建築得獎，僅是因為建物的垂直、水平線落在精準的位置上。

然而，為什麼現在房子能夠建造五十層、七十層？就是因為技術進步、材料進步，施工方法進步。而且愈是高樓，愈是精密地計算，採取預鑄法，幾台吊車將建築物件吊掛上去，一一組裝定位，而這裡面的重要推手之一，就是電腦技術的大幅進步。

電腦科技進來了之後，一次性地帶來全新的地平線。如同今天火紅的ＡＩ全面襲捲而來一樣。電腦技術進到工程的領域，完全刷新了舊的典範，創造了新典範。如果沒有電腦科技的刷新，就不可能加快後面一切的發展，可能今天土木系還是受限於老路。

總之，我不喜歡一直重複老東西，喜歡碰新東西，調皮一點地說，我是土木系裡的「怪胎」。

台大三大電腦中心，土木系最強

而台大土木系三樓的「電腦繪圖實驗室」，就是我們賴以攻略的科技堡壘，也為理工學院帶來一番新氣象。

台灣學界一般與業界的往來較少，國科會給的經費也少，電腦繪圖要做得好，不能光靠土木系。於是，我央請當時的系主任葉超雄教授，帶我前往國科會工程處面見處長，陳述電腦繪圖研究在未來的發展與必要性，希望國科會能給予補助。

經過一番努力與折騰，雖然最後拿到了補助款，實驗室添購了鎮系之寶——VAX8650 主機，但整個企畫案在審查過程中卻也遍體鱗傷。我不禁感慨，台灣學術圈太小，有時候，甚至有些計畫審查委員會有「見不得別人好」的心態，不希望台大擁有其他學校所沒有的特殊設備。

為了教學及研究所需，我自己架設了一個「PS Library」（PS 即 Picture System 的縮寫）程式庫，這是累積我在美期間到台大多年間的經驗，從無到有整個構思出來的龐大繪圖程式庫，提供修電腦繪圖學、電腦輔助設計兩門課的學生們運用，他們交作業、寫程式、做研究都在用這套程式庫。

那時台大已經有自己的校園網路，它像是一個大圈圈把校內各單位電腦主機連結起來。然而在台大內部三大電腦中心：第一個位在工學院龍頭的電機系，第二個是由資訊工程系掌管的「台大電算中心」，第三個便是我們台大土木系的電腦中心。

這台 VAX8650 已是那個年代最好、運算能力最強的電腦。之後我們又跟惠普合作，導入他們捐贈的一批高階的電腦工作站，台大土木系其實擁有當時國內頂尖的設備。因為設備昂貴，實驗室出入嚴格管制，除了相關研究生外，閒人勿近。

因為土木系很多課程要計算結構強度、防震係數、風阻、水阻等，其複雜性往往挑戰腦力計算的極限，也是土木本質學能訓練養成中重要的一環。有了超級電腦，學生也慢慢開了眼界，原來大型的計算與模擬，在工程運用上的能量與潛力可以如此強悍精準，它可以預估颱風、土壤、地震、氣象、自然災害等等問題，更別提它在防災上與民生相關運用的能量。

設備生命週期太短

對土木系來說，台大當年勇於嘗試並起了個頭，這是很好的，電腦繪圖實驗室也增添了台大土木系一項特色。可是要維持一個以電腦科技為主的實驗室，是壓力非常大的事情。在康乃爾大學，電腦繪圖實驗室也並非在土木系之內，而是由土木、建築和資工三系聯合成立的，不論是在哪裡，光靠一個系都是無法支撐的。

可以想見，台大土木系的電腦繪圖實驗室，必然要面對經費不足的老問題。想當初，電腦繪圖實驗室接下的第一個國科會計畫，根本無關電腦，而是地震方面的研究，整個計畫的經費也只有新台幣九萬元。即使在一九八一年，這也是一筆少得不能再少的研究經費。

為什麼如此難以支撐呢？當時教育部每年撥給台大各系實驗室的預算基本上是固定的，土木系有數個實驗室，經費採取輪流補助方式，端看當年的重點為何。如果土木系有十個實驗室，補助的預算整個輪一回就是十年。

再者傳統的機械、土木、造船的實驗室設備生命週期都很長，可以撐到十年，甚至更久，比方MTS（液壓軸向動態土木結構材料測試機）實驗室，專門用來測試工地混凝土圓柱到底承重能力如何？有多大的抗壓力？壓到何種極限時混凝土圓柱才會碎掉？這座MTS機器基本上可以用十年，甚至更久，其技術十年前與十年後基本上差別不大，不會像電腦一樣沒多久就要淘汰；或如水利實驗室的水工模型（Hydraulic Physical Model），在一個大水槽內放置結構物，以不同的水流大小強弱等沖擊，計算其反應如何？甚至海洋工程實驗室，有一座超大水槽模擬海浪的影響，這些傳統必備的機器模型基本上極為恆定，不需要經常改變。

然而，「電腦繪圖實驗室」設備的生命週期與其他不同。它比起一般的工程實驗儀器要短得太多了，甚至三、五年都不到，可能一年、兩年就得更新，電腦至多每五年內絕對要汰換掉。

我的實驗室有強大的設備需求，怎麼可能等個十年呢？十年輪一次的話，所有的研究都無法進行。

正因為機器生命週期太短，預算老是捉襟見肘，為系上製造了很多經費、資源分配上的壓力。這跟系上願不願意支持沒有關係，純粹就是設備「生命週期」的問題。即使實驗室做出好成績，學生也獲益良多，系上想要全力支持，可是在資源有限之下，勢必造成排擠效應，對其他實驗室並不公平，衍生很多難題。

十年申請到上億元設備

因此我只好向外面爭取經費，找各種研究計畫貼補我的實驗室，我的壓力來自一直找更多的經費，讓實驗室可以一直維持在頂尖狀態。

研究到後來，電腦輔助設計愈來愈不限於土木結構，愈來愈多造船系、機械系學生來修課，年輕的學生都對這些新東西很好奇，電腦實驗室比較受到學生的青睞。

比方，傳統上在土木系的工程實驗室，學生研究如何蓋出一棟防震的房子，他們得戴工程帽，然後澆混凝土、拉鋼筋、以儀器加壓，花大量的時間，弄得粉塵四散，才能得到必要的耐震係數，撰寫研究論文。但是這些現象其實都可以放進電腦裡面，完全利用電腦來模擬。

又譬如有一個念交通運輸的學生，希望用電腦輔助設計來探討交通運輸的問題，他將所有地形的變化參數都考慮進去，研究出「高速公路開車的模擬駕駛技術」，於是我跟他運輸組的老師成為共同論文的指導教授。

身為教授，面臨最現實的事情，就是要找錢給底下的學生，支持他們研究。總計我在台大教書十年，經由到處申請計畫，額外為系上更新了總值一億元的設備。

以一個教授而言，老實講這真是不容易的事。每年募款主持實驗室，以我個人的棉薄之力，不會永遠能找到外面的研究計畫，有足夠的經費維繫實驗室不斷更新、與時俱進。

實驗計畫如果做得好的話，經費固然愈來愈多，但計畫規模也愈來愈大，總結階段所交出的成果，也愈來愈多、愈複雜。這是一個恐怖的循環，不斷找錢，不斷交報告，無形間壓力極大。有時候期末研究生撰寫的報告出問題，我也要協助解決，凡事親力親為，終究在精力與體力上，造成了相當大的消耗。

因此，我在台大教學與研究十年之後，仍不得不說聲告別，轉換到高速電腦中心。而當初吸引我回台原因之一的女友，也早就因故分手，我後來也遇到我終身的伴侶，共組了美滿的家庭。

人生真是充滿各種未知、無可逆料啊！

注1：當時電腦的中央處理器CPU，幾乎是由英特爾一家獨大壟斷，早年其處理器代號名稱為80286晶片，然後升級為80386、80486，當年流行的簡稱為286、386、486等。而後當第五代Pentium 1處理器推出後，大家習慣性的將它稱為586，這些都是指電腦的運算頻率。

第八章

溝通

專業與非專業之間的對話

核能悲劇老電影「大特寫」中的工程師之死，給我很大的震撼，讓我開始思考：「身為一個工程師，當你只有幾分鐘的時間，面對複雜的工程問題，除了你的專業能力以外，你可不可以將你的想法觀點，完整而系統的表達給受眾，而且立刻產生共鳴。」

像我們這種跨領域專業的人，必須非常懂得傾聽，尊重別人的想法，在異中求同，換言之，就是努力達到溝通的目的，藉以增長自己的知識。

溝通的能力，除了意願，還有經年累月的訓練。在台大教授電腦繪圖，訓練我往往要從成堆的資料裡，盤點出重點，用點、線、面的方式組織、串接，最後以電腦繪圖將主題分毫不差地呈現出來。這些都要求清楚明晰的溝通能力。

而我之所以這麼在意溝通的問題，除了教學的訓練，回溯起來，可以從一部探討核能安全與媒體權力的嚴肅電影——「大特寫」（The China Syndrome）談起。

一部影響深遠的電影

那是一部一九七九年，我還在康乃爾大學攻讀博士班時上映的老影片。主要由女星珍芳達（Jane Fonda，飾演女主播金柏莉．韋絲）、性格老牌男星傑克．李蒙（Jack Lemmon，飾演核能工程師傑克．葛德），以及當時年輕帥氣的麥克．道格拉斯（Michael Douglas，飾演電視台的攝影師李察．亞當斯）等領銜主演。

電影描述一名女記者金柏莉和她的攝影師李察，無意中發現了一間核能發電廠接近「爐心熔毀」的緊急意外，打算將發現的安全問題公諸於世，但是電廠高層主管意欲粉飾太平、掩蓋事實，為了壓下新聞，不惜導致一場大悲劇。這是一部反核訴求的電影。

幾個令我印象深刻的片段是：有一天，核電廠的主控室裡忽然警鈴大作、儀表板燈明滅異常，傑克發現有一個儀表指針特別奇怪，別的儀表板指針都很低，只有這個儀表板的指針停留在高點，看起來不太對勁，他盯了一會，走向前，用手指「扣、扣、扣——」，輕敲儀表玻璃框。

沒想到，一敲之下，指針瞬間滑落底部。

原來剛才指針只是意外被卡住，其實顯示核能反應爐的水位已經嚴重不足，這一幕正巧被前來參訪的電視台記者兩人，不動聲色悄悄拍攝下來。

但是，核電廠高層卻強裝沒事，一心想要封鎖消息。雖然拍到了關鍵畫面，電視台也在電廠高層施壓之下，不願意播出。

到底核電廠利益重要？還是大眾的安全重要？反應爐水位一旦不足，無法冷卻的燃料棒，就會因逐漸積壓的高熱，造成爐心熔毀，演變成為無法阻止的連鎖反應。

該片的英文片名「The China Syndrome」源自曾參與曼哈頓計畫的美國物理學家拉爾夫·拉普（Ralph Lapp）於一九七一年提出的「中國症候群」概念，意指如果美國的核電廠發生不可挽救的爐心熔解事故，灼熱的核燃料熔液會熔解一切物質，並穿透地殼、地函和地心，直穿地球，達到地球另一邊、位於美國「下方」的中國。

這個核電廠在管制區的保護帷幕內，欠缺外部監督，內部發生的一切，外人無從得知，成為可以操縱的黑箱作業。媒體的確有監督的力量，但是沒有工程師以專業的角度提出解釋說明，這力量亦無法彰顯。

工程師傑克是本片最具衝突的角色，雖然核電廠是他賴以生存的全部，在這個危在旦夕的緊急狀態下，他本著專業與良知，扮演起「吹哨者」的任務，打算與媒體合作，一起揭露事實。

最終記者金柏莉與攝影師，冒著危險，千方百計溜進核能電廠，準備在監控室內，來一場實況轉播。氣氛緊繃，分秒必爭，來到電影最後的關鍵片段，金柏莉說：「現在開始轉播，你可以向觀眾仔細講解發生了什麼事情。」

這時候傑克卻因為過度緊張，扛不住龐大的壓力，一會兒在A儀表前講兩句，發現不對，應該先講B儀表，又扯了兩句，又覺得不行，之後又換到C儀表，想要先解說D，只見他滿頭大汗，不時急躁翻資料，東講一點，西提一句，思路跳來跳去，完全不知道他要講什麼。

從觀眾眼中，只看到他不斷沮喪地撫著額頭，慌張地撥著頭髮，根本沒有系統、語無倫次，只能替他乾著急。

最後，核能電廠主管發現記者潛入揭密，於是派武裝人員伺機靠近，一聲令下，以猛烈的槍彈將工程師擊斃。傑克倒在血泊中，閉上不甘心的眼睛，嘴唇微動似乎仍喃喃掛念著不及說清的真相。

事後電廠高層對外宣稱工程師罹患了精神病，再次強調核電廠安全無虞。如果觀眾只由電視轉播上來看，這個工程師的確是語無倫次，像精神病患，轉播也沒有成功。這部電影凸顯了核電高層主管惡疾偽劣，可說是一部核災寓言的悲劇電影。

傑克·李蒙因為處理工程師內心矛盾不安的精湛演技，獲得了坎城最佳男主角，本片也名列百年百大驚悚電影。然而真正教人驚悚的是，在這部電影上映後僅十二天，美國三哩島核電廠居然發生核能史上第一次反應爐爐心熔毀事故，真可謂是「一片成讖」，大大打擊美國公眾對核電信心，美國核電產業也陷入長期的不景氣，核電廠興建計畫大幅銳減。

溝通的本質是什麼？

「一個語無倫次的工程師之死」本身極具象徵，連帶讓我思考到，究竟溝通的本質是什麼？到底怎樣做才能達到有效的溝通？

對於一個學工程的人來講，工程師被打死了，沒有機會傳遞出專業的聲音，這結局真令人難過。空有良知與熱情，到頭來，仍有可能於事無補。

生氣與同情之餘，我反省自己，假如我是傑克·李蒙，我是否會犯下同樣的問題？面對重要的關鍵時刻，如果只有三、五分鐘，我到底有沒有辦法把一件事情講清楚？會不會也給人家語無倫次、精神病患者的印象？

從這部電影中，我得到一個教訓：「我千萬不能像他那樣！」同時體會到一件重要的提醒：「身為一個工程師，當你只有幾分鐘的時間，面對複雜的工程問題，除了你的專業能力以外，你可不可以將你的想法觀點，完整而系統的表達給受眾，而且立刻產生共鳴。」

殘酷一點來說，對外界不明事理的非專業人士來說，你能向外界溝通到幾分，你的專業就是那幾分。好比一個巨蛋建築師，你如何讓人家買單出資建造你設計的巨蛋？假使你設計出一百分的巨蛋，最後只能講到六十分，出錢的人只能用你呈現的六十分，來判斷要不要砸錢投資，即便那並不能充分表述出你完美的一百分。

我常常用這部電影向學生提出警告，要他們成為一個懂得溝通的工程師。即便你腦袋有一個很複雜的數學，或者很大的理論框架，要能夠將複雜深奧的難題，化繁為簡，不需要公式、不需要術語，講得簡單、平易近人。

用科技說故事，達到觸動人心的感染力

「溝通」像是一條河兩岸的橋，放進我的專業來考量，兩端落差搭橋的過程，就變成如何用科技來敘事。因為凡人總無意識帶著「眼見為憑」「眼見為真」的心理傾向；網民之間不是常常說「沒圖沒真相」嗎？若能結合電腦繪圖的預想模擬圖像，我認為更有觸動人心的感染力量，達到有效的溝通。

早年，歐晉德擔任國道興建工程局長，負責規劃國道五號公路，也就是今天「蔣渭水高速公路」（原工程名稱為「南宜高速公路」，南港到宜蘭蘇澳之簡稱）。歐老師曾在台大擔任兼任教授，我大三時曾經選修過他的課。我回國後在台大教書，正在主持國內首創之一的電腦繪圖實驗室。有一天歐老師問我：「張善政啊，如果我們將整條公路沿途的山區及道路設計給你，你可不可以用電腦模擬駕駛實況？」我立刻點頭說：「可以，沒有問題。」

於是在高工局的研究經費支持下，我跟一群台大土木系的學生，將這些長期探勘出來的山坡、地貌、深谷等數據輸入，藉助高效的電腦運算能力，以電腦動

畫逐一模擬出車輛行經高架路段、進入雪隧、在隧道中行駛、出隧道到宜蘭的所有行車所見實況。

這段路今天開車大約需要四十多分鐘，在模擬狀態中速度可以加快，最後模擬出來二十多分鐘的錄影帶。

後來，歐局長在對外的簡報中播放這部模擬影片，獲得不少好評。當年的交通部長張建邦看了之後，也喜愛得不得了，走到哪裡公事包裡都放這卷錄影帶，準備在會議中可以隨時播放。這部動畫可說是台灣工程界第一個用電腦模擬的個案。

長久以來，台灣工程界缺乏類似的模擬動畫，經常一個案子，業主憑空想像、各自表述，衍生不少誤解。現在有了具體圖像之後，大家討論有較明確的依據，很多平面報告無法清楚呈顯的細節都可以經由「電腦視算」明白展示出來。

張建邦部長領略其優點之後，接著責成交通部各單位所有合作的工程顧問公司，在提案時必須提供日後完工運作的模擬錄影帶。我在工程顧問公司任職的同學都回頭開玩笑K我：「哎，張善政都是你害的！」話雖如此，今天電腦動畫模擬已經成為業界的標準要求。

之後，我離開台大到高速電腦中心任職（詳見第九章），那幾年新竹科學園區發展已趨近飽和，土地擁擠、不敷使用，九〇年代初期開始，國科會正式報請政府建議設置南部科學園區。

經過幾年籌備規劃之後，一九九六年初，南科終於在一大片甘蔗田中舉行動土典禮，同時請到前總統李登輝先生蒞臨剪彩。

當年國科會主委是郭南宏，管理局雖已為這第一期六百多公頃土地預先製做了一座實體的模型，郭主委仍問我：「動土典禮上還可以怎樣呈現未來南科園區的樣貌？」有了北宜高的經驗，我提出了類似的電腦動畫模擬建議，竟然被他接受。

我們用航照圖為基準，製做電腦模擬動畫，高速電腦中心設備自然比台大的電腦更快、更強，動畫模擬得更加精采生動。

動土典禮前幾天，管理局將未來的園區位址，一片甘蔗田推平，整出一塊地，搭一個帳篷，擺放園區未來的模型，開工典禮前一晚，我們將設備由新竹運到台南的這片甘蔗田裡。當年要能算圖的電腦主機可是又大又重。當我們把電腦、螢幕、主機、線路等準備就緒，問題來了，我忽略一項重要的實際問題，沒想到現場一片荒郊野外，根本無電可用。

後來我們找來一部柴油發電機，將電路架設好，待發電機開動，我們將電腦打開，「碰」地一聲，不穩定的強烈電壓，將主機裡面一塊電路板燒掉了！那時候張羅設備可沒今天那麼簡單，隔天就要舉行典禮了，我放眼望去，一片黑暗裡，只聽得見風中傳來窸窸窣窣蔗葉摩擦聲，以及我內心氣悶的哀嚎。

顧不得已是下班時段，我打電話給設備維修廠商，懇請他們馬上派人來更換。廠商居然說「沒問題」，願意配合，他們的工程師快馬加鞭帶著電路板，坐當天台北飛高雄最後一班飛機，趕到台南這片無以名之的甘蔗田。

我們沒有退路般地，大半夜在更換電路板，等到主機測試成功，結束這場虛驚時，已過午夜時分，工程師一身疲憊，而我汗流浹背，在一片窸窸窣窣聲中，目送他搭夜車回台北。

第二天李總統來了，郭南宏向他介紹南科的未來發展，他看了動畫影片，心情似乎不錯，始終笑容滿面。或許電腦動畫打動他，更勝於園區的實體模型。

這次經驗，讓我領略到電腦模擬對溝通大有妙用，等於一個硬的工程用軟的形象來包裝、訴說，直接打動人心，達到溝通的目的。

從北宜高到南科都是早年使用電腦動畫介紹公共工程的案例。現今，台灣每一項工程，都勢必牽涉環評，與其拿一張平面地圖，向環保人士費力的解說，各憑想像造成不必要的誤解，倒不如好好製做一個立體視角的動畫呈現工程的全貌。

在我的真誠想法裡，建設與環評的衝突，其實是有可能有解的。比方政府要蓋一座水庫，面對環評的挑戰、質疑，工程師要怎麼溝通？能不能呈現施工的各項實況？挖掘會不會太過頭？動植物生態會受到怎樣的衝擊？景觀會不會遭受不可逆的破壞？最後水庫蓋好之後的面貌又是如何？

這些不只是技術的突破，還有工程專業與非專業之間的「對話」，同時也展現一種溝通的誠意，表示工程單位為了爭取外行人的認同，花大把金錢與時間精力，積極地製做了這樣的模擬動畫。我認為，學工程的人不能只是安於在工程規劃設計裡，必須多走一步，站出去主動溝通，爭取環評人士、一般民眾、廣大納稅人多方面的支持，獲得最大程度的理解與共識。

張善政父親張同文所拍攝的台灣街景。

第三部

探

科技

擁抱數位大未來

第九章

眼界

選擇做更重要的事

為了因應產業界及學界海量、繁複計算的需求，我放棄台大教授穩定的職涯，籌備高速電腦中心，甘於做一年一聘黑機關裡沒有身分的黑官，我想到台灣說不定還有很多像我這種人，看到電腦的潛在能量，卻沒辦法募得經費，爭取設備，那我們國家到底要如何支持他們的研究？我從無到有扛下建廠、招標及運作大任。雖然錢多是非多，但我始終堅守專業的高牆。

我在台大土木系開的課程都是電腦應用方面的課程，加上我個人興趣的研究題目，都需要強大的電腦運算支援，即使努力寫計畫書爭取經費、添購設備，但是仍感到拘限處處，龐大複雜一點的研究，往往無法運算出來。

電腦的速度與容量，最為關鍵。我想不只是我，台灣整體學術界不斷有人反映電腦不夠用、不夠快，大家開始意識到高速計算對研究的重要性，但是當年高速電腦或超級電腦，與個人電腦採取完全不同的硬體架構，一套系統往往上億元，而且非常耗電，必須仰賴專業維護，限於經費，根本沒有個別的系所、研究單位可以負擔得起超級電腦。

籌備高速電腦中心，主攻應用面

這個缺口有賴國家級高速電腦計畫來補足。正當我在土木系電腦繪圖實驗室掙扎於經費短絀之際，美國已經全力發展「高速電腦中心」（Supercomputer Center），而且清楚將超級電腦定位在各項「跨界」應用，例如普林斯頓大學的高速電腦中心，便是由物理系教授主導，而非傳統的電腦專家。不諱言地，只有大量使用電腦的人，才會了解電腦在應用面主要遭遇到的問題，也比較能充分發揮高速電腦的極限價值。

主導國家科技發展大方向的國科會，當然也感受到這股潮流，我覺得這是個大好機會，在系主任幫忙之下，我向國科會遊說，強調高速電腦強大的發展潛力。或許是台大土木系電腦繪圖實驗室受到肯定，很幸運地得到當年的國科會主委陳履安的支持，國科會制定政策加以推動，同時派任我和台大資工系主任林一鵬教授共同籌備高速電腦中心。他專研電腦理論，而我主攻電腦應用。

一九九〇年，我開始由台大借調高速電腦中心擔任主任一職。草創之初，還借了台大工學院綜合大樓的一間地下室，充當高速電腦中心籌備處。隔年，高速電腦中心經由行政院核准成立，地點就在新竹科學園區之內。

之後好幾年之間，我經常台北、新竹兩地奔走。因為籌備工作非常忙，每回車子剛一停在土木系系館前面，學生就蜂擁而上找我討論論文，甚至連假日都跟學生一起在研究室忙。在這期間，我一度被推舉競選土木系系主任，初選都通過了，但是為了高速電腦中心，之後便主動退出第二階段的複選。名義上我還是在台大，但只剩一門課了，重心都放在新竹。

首要挑戰不在電腦專業，而在「建廠」

扛下國科會電腦中心主任一職，我的第一個挑戰卻不在電腦專業，也不在如何領導統御，而是如何從無到有把中心的「房子」蓋起來。

一般專注於研究的學者，容易輕忽研究設施房舍的重要性，然而土木是我的老本行，我很清楚土木的重要性。為了建造這個中心，我也得以施展多年培養的土木專業。面對偌大的基地，平整空蕩蕩有如一張大畫布，究竟最後會呈現什麼面貌呢？一切充滿各種可能性。

當時行政院還沒有編列經費，國科會行政系統也有固定發包工程的做法。然而畢竟曠日廢時，我想到與其因編列預算的行政程序延遲，不如拐個彎，運用國科會研究經費的彈性，勻出些許研究預算，商請一家值得信賴的顧問公司，以委託研究性質，預先對建物進行粗略的設計規劃。因為等到所有預算就定位才啟動，那實在是太慢了。

我也說服顧問公司不要計較錢太少，先接再講。果然不出所料，粗略的建築規劃全部完成之後，行政院才通過正式預算，此時我們已經可以進行更細部的設計了。

因為先跑幾步，行政院經費一撥下來，就開始正式辦理招標。當年開標採最「有利標」，亦即不事先定底價，而是由投標者各自端出對自己最好、最有利的價格，之後將所有報價平均，再以平均數為準，最接近者即為得標商廠。但是決標後，審計部在審查標案時，從表面數字判斷，懷疑有圍標嫌疑，廠商似乎事先協調出數字再投標。

我萬萬絕對不會贊成或慫恿人家圍標，經過了解，知道這家得標的設計顧問公司在業界品質有口碑，而承建施工的是高雄一家營造廠，準備來新竹拓展業務，我以土木專業標準評估後，判斷他們有能力可以把計畫做好。

於是我直奔審計部，找到負責監督該案的科長。他也是土木專業背景出身，了解各種工程標案的環節。我向他仔細解釋箇中原委，同時保證我一定本著專業親自下去「盯」整個工程，絕對不會出任何問題。在審計部合法行政裁量權內，請他支持這個標案，千萬不要輕率廢標，否則一切得重來，那先前爭取到的時效，豈不是統統枉費。

最後科長在我的保證上沒廢標，順利決標之後，我真的一路盯著這個營造廠施工。而這位科長也不時到工地來抽查，幸而一切項目也都符合他的期待，讓他有了信心，我們彼此也變成好朋友。土木原本就是我的專業，無法敷衍我的「鷹眼」，施工的各種眉眉角角，我看得比誰都更仔細。

與業者、工人同站第一線

接手公家的工程，和私人建案不同，因為預算限制、法令規章、防弊措施等等，條條框框不少。在實際施工時，有時難免會涉及變更設計，或是因進度落後，需要趕工等等，事情多如牛毛。

我雖然沒有學過工程管理，身為甲方業主、代表國科會，卻也能跟乙方的包商、工人們相處愉快。遇到問題，我從來不會威脅說：「你們不好好做，我就不給錢！」反而放下身段，凡事請工地主任協調幫忙，為了推動高速電腦中心順利完成，我選擇跟他們站在同一陣線。

對公家機關來說，最擔心變更設計，甚至因為費用增加、追加預算，若報請行政院審查通過，又要延宕多時，總之極為棘手麻煩。遇此情況，我就會向營造廠工地主任拜託，若金額不大，商議他們不要追加預算，他也爽快回應我說：「我回去跟老闆講看看能不能吸收好了。」後來，他們真的情義相挺，自行吸收。

信賴不會在一夕之間達成，工人很草根，看到台大教授彎下腰來請益拜託，可能覺得「光榮啊！」於是掏心掏肺把事情做好。公歸公，私歸私，開完嚴肅的進度會議，私底下我們會去吃晚飯、唱唱歌（其實我只會唱「月亮代表我的心」，而且僅此一首），偶爾也請他們喝維士比打氣。大家無所不聊，真誠用心交陪。

因為彼此信任，協力配合，工程最終非常順利，既無延誤，也沒有追加任何預算。這些點點滴滴，對我個人最大的收穫是，無形中磨掉我教授的銳氣，擺脫知識份子的思維與身段，磨練出日後接觸各地民眾的能力。換個角度來說，其實我原本就是來自平凡普通的家庭，這些都是最真實的我。

錢多是非多

當年台灣的工程界風氣不好，綁標、圍標時有所聞。待高速電腦中心結構完成開標之後，接下來進行機電與空調標。這個標案不採品質標，改採最低標，但是因此預算比較高，競逐廠商很多。

有一天，有一家機電公司的年輕負責人跑來找我，他一來便氣呼呼地說：「主任你知道嗎?我去投標時，人家都想要勸退我，態度很不鼓勵，而且聽說你們的案子已經被綁標了?」

他大概信任我的行事為人，所以一有風聲，就直接跑來找我「興師問罪」。我一聽，大感驚訝追問：「真的這樣嗎？」他似乎掌握一些憑據：「對，他們好像在公會那邊已經『搓圓仔湯』（台語的搓湯圓）搓好了，內定給某一家廠商。」

聽到此事，我也感到氣憤：「嘿，怎麼可以有這種事？」我絕對不容許有圍標情事發生。

我即刻去找公會總幹事，表明立場，一次把話講清楚：「我是業主，希望這個案子非常透明公開，聽說你們已經講要給某家公司做了？如果你們『搓圓仔湯』，日後得標的廠商，我一定不會讓他好過！」

由我出面警告，業者也不敢得罪業主，最後他們真的公公平平去開標，結果竟然是來找我的年輕人廠商得標。他們是新公司，有自信可以將案子做得比其他同業要好。

新公司得標，年輕負責人向我宣誓：「讓我們來做，可以請您放心。」為了取信於我，他帶我去參觀他們公司在竹科已經承包完工的廠房，那是一家有名的科技大廠，實地勘察，內部管線拉得乾淨整齊，他頗為自豪地向我介紹：「你看，從這裡看過去，百來公尺，管線全部都是筆直、沒有一條彎曲，以後你們那裡也會達到一樣的水準。」日後他被我盯得很緊，機電空調工程也做得乾淨整齊、有條不紊。

拒絕綁標關說，堅守專業

房子、機電空調之後，整個計畫來到最關鍵又艱鉅的高速電腦採購階段。九〇年初，一整套高速電腦至少就值好幾億元新台幣，當年市場上幾家有名的大小公司，如Cray、IBM、Convex、Fujitsu、NEC等全都躍躍欲試，多方設法競逐。我們召集所有國立大學電腦中心主任組成一個「評選委員會」，開出超級電腦的相關規格，集思廣益嚴格把關，準備為國家挑選出最好的高速電腦系統。

所謂錢多是非多，不幸地這案子又被立委關說了。

有一家不在上面列舉的美國廠商，理論上並沒有研製超級電腦的經歷，但是他們也要進來搶標。於是走旁門左道，找某一位立委關說，試著向我們施壓，目的在逼我們降低規格，好讓該公司的電腦可以進來競標。

他們不清楚我們做事的原則。那時我也年輕氣旺，一旦被關說施壓，怒氣就掩藏不住。

該公司是在美國公開上市的科技公司，我找出總公司地址及CEO的聯絡方式，直接寫信表達不滿。而且為了怕信寄丟，還特地請DHL快遞直接送達美國CEO手中告洋狀，我提醒那位CEO：「依你們這麼有形象的公司，竟然容許底下的分公司負責人做違法的勾當？」

沒有想到，這封信還真的很有用，不久美國總公司馬上向台灣總經理追究，那位總經理發現東窗事發，心急如焚，顧不得週末假日，執意打電話向我問明原委，還宣稱自己毫不知情，我當然也不是第一天遇到壞人，冷靜回答：「你底下的人做這件事，難道你會不知道？」

我重申立場，不接受旁門左道的招數，「而且如果你們再這樣下去，明年度我們所有國立大學電算中心，將串聯好完全不採購貴公司的任何設備，全面抵制到底。」這是另一筆大錢，後來他也只好收手。

從蓋房子、機電空調、到採購電腦每一次都有這些不法情事。理論上我可以去找政風室，但是那時候沒有這樣的機關，只能感嘆，我真心想做事，卻一直要被人情世故、關說干擾。

還有另一家日本公司，在我們提出的考題測試中表現不佳，擔心無法得標。也透過民代施壓。民意代表還把我找去辦公室，假意關切問道：「你們測試結果如何？現在評選得怎麼樣了？」或是暗示性地問：「某家公司狀況如何？」

我當然三緘其口，面對這樣迂迴的關說，事後我透過朋友，間接找到他的同黨立委，想請他傳話制止，不料那位立委卻冷言道：「唉，我不能擋人家的財路！」我早該知道，那家公司之所以能夠找立委關說，表示該立委可能早就被供養在那裡，沆瀣一氣，背後牽涉到無法想像的龐大利益。

面對日本廠商的壓力，我策略性地以拖待變，讓子彈飛一會兒。這時候，同標案的另一家美國公司不耐久候，頻頻追問我們：「咦，測試早就都做完了，到底結果如何？為什麼不公布？」

採購的確延宕了一些時日，在各方壓力之下，我知道這件事情必須以政治手腕來解決。最後我透過種種管道，讓美國在台協會出面關切，他們透過媒體公開表達：「我們希望這是一場公平的競爭。」

我這麼做的目的，是在塑造一種「美方正在密切關切」的形勢，明示這個標案必須公開透明，決標後的任何結果不可有異議。在輿論壓力發酵之下，最後真的擋下日本廠商及立委的壓力。總之，錢多是非多，我感覺到，想要就事論事、堅守黑白，有時候必須以智慧解決。

最後電腦中心房子蓋好，機器也添購了，我最終大大鬆了一口氣。其他國科會同期推動的計畫，如太空計畫、實驗動物中心等等，幾乎每一個實驗室都要從頭開始建造，不少工程延誤，或追加預算，只有國家高速網路與計算中心沒有延期、準時完工、更沒有追加預算，讓當時國科會主委夏漢民感到十分驚訝，頻頻追問：「你是怎麼辦到的？」

我事後歸結，成功的原因很多。也許是運氣好，也許是初生之犢不畏虎，我仗著年輕，跑去審計部要求「不要廢標」；衝去公會警告：「你們不可以『搓圓仔湯』」；採購電腦又拚命擋人財路，不甩立委的關說、威嚇。

只能說，那時候我真的「很敢」，做了這麼多不上道、不知死活、與狼共舞的事情，會不會哪一天走在馬路上被人「蓋布袋」、捅一刀？或是拖到深山裡毒打一頓呢？想想我當時年輕，一身「憨膽」，身上有國家賦予的大計畫，監督著

右／擔任高速電腦中心主任時，面對各項金額龐大的採購案，張善政堅守黑白，以專業和智慧解決紛沓而來的關說和壓力，並在不追加預算下，完成各項任務。

下／對工程品質要求極高的張善政，經常巡視工地，照片為他帶家人和員工巡視興建中的高速電腦中心的工地。（張善政為最後一排左1、手抱孩子者）

幾億的大預算，覺得頂天立地、正氣凜然又無比自豪，只想到這一大筆經費，一定要用得正正派派，物有所值。

心中有一團火，甘心做黑機關裡的黑名單

高速電腦中心是國科會下轄的單位，需要任何設備可以編列預算購買，即使不少設備動輒數億元，要上立法院質詢，或面對預算被砍等等狀況，畢竟還是有很高的自主性，但不必再寫計畫募款苦撐。台大十年，我辛苦奔走才採購到一億元的新設備，對比之下，高速電腦中心一年預算就有十億，換言之，一年的預算就等於是台大實驗室的一百倍，我想做事有資源，感到如魚得水。

其實，仔細思考，在學術界的自主性與成就感都不高，很多論文辛苦完成之後被束諸高閣，無法在應用面展現實效，特別是一個ＩＴ相關的研究領域，真要達到所謂 the state of the art 的境界，實在不可能在學校裡完成。光是經費的捉襟見肘，就讓人喘不過氣來了，哪還有辦法享受做研究的優雅樂趣呢？以我專攻

的研究性質來看，我逐漸感覺，長此以往學校或許不是最適合的地方。

借調四年期滿後，我不願回學校再沿門托缽去要錢來做研究，決定放棄台大穩定的教職，留在高速電腦中心。

當時，周遭很多朋友都覺得可惜，畢竟待在校園教書研究，穩定又有社會聲望，尤其在台大，有最好的學生共同推動實驗及計畫，「在最高學府繼續春風化雨不是很好嗎？」親近的友人都這麼說。

放棄台大教職，不是我沒有「野心」，只是我的野心在於如何「為台灣建立一個高速電腦的環境」，這個任務更加優先、更加重要。

我的心裡燒著一團火，我想到，如果像我這樣從美國回來的學者，冀望比較好的電腦環境都那麼不容易，那麼別人回來怎麼辦？說不定還有很多像我這種人，看到電腦潛在能量，但卻沒有辦法像我一樣去外面申請這麼多錢，爭取這麼多設備，那國家到底要如何支持他們的研究？

我了解自己的重責大任，甘願把自己當成推動整個計畫的「工具」，高速電腦中心其實是想要給台灣所有需要這些特殊電腦設備的人、為這些苦等甘霖的研究者而設立的。

一九九三年，高速電腦中心正式對外運轉，提供高速計算服務。台灣的電腦應用大大提升到另一個境界。當時國科會尚未將中心法人化，高速電腦中心所聘任的人雖是技術專才，但並不具公務員資格。有很長一段時間我們等於是黑機關裡的黑名單，沒有身分、一年一聘，基本上跟之前高速公路收費員沒有兩樣。而且身為一個國家研究中心的主任，要面對的不再只是學生和同僚教授，更有廣大的社會大眾。每當要提預算案，就得到立法院備詢。常常半夜一、兩點還在立法院接受立法委員的質詢。這些都是為了堅持目標的「必要之惡」，也是不得不付出的代價。

解決捷運爆胎，推動科學視算

高速電腦主要用於學術研究，一部分用於產業。高速電腦與個人電腦速度至少相差上千倍，當年主機就占去六、七個櫃子，加上硬碟，總共有十幾個櫃子。

一個櫃子如家用冰箱一般大。光組裝完成就將一間二、三十坪的房間塞滿。很多人會問，政府花了數億元的大筆經費，那高速電腦中心究竟可以做什麼？

這麼強大的運算工具，主要用於土木、機械、航空、造船等工科領域；之後物理、化學、生物等理科領域也慢慢多起來。很多科學家搶著用，經常排得滿滿的，有時甲計畫計算完畢寫入硬碟的「半秒」空檔，又切換到乙計畫運算，可見其需求之強烈，往往一個月至少燒掉上百萬元電費。按購買合約，高速電腦只能做和平用途，既是不可用於發展軍事武器，也不可用於發展核能。每隔半年美方會派人稽核。演變至今，如今高速電腦中心更廣泛應用於各種理科，比方基因工程、DNA破解、高分子的藥物、高溫超導體、IC設計等等，成為我們產業及研究背後的利器。

除了南科電腦動畫模擬，高速電腦中心還解決了當年交通發展的一大難題。一九九三年，捷運木柵線在密集試車中發生爆胎事故，我們發覺頻頻爆胎似乎有點蹊蹺，所以主動找到台北市政府，提議爆胎的問題可以用高速電腦運算模擬來解決。

當時高速電腦與個人電腦的速度至少相差千倍，有強大的運算能力，但光是主機就占了好幾個櫃子。

輪胎設計也是力學的一種，我們將捷運工程局提供的資料輸入電腦，找出爆胎的兩個原因：原來通車工程延誤多時，早年購入的輪胎屯積庫房過久，材料老化變脆，再加上試車時，為了怕胎壓不足反而將輪胎充氣太過，導致輪胎過度受壓，在行車高速狀態引發爆炸。我們提出修正建議，結果捷運局真的將這些問題逐一解決。

另外高速電腦做到逼真的科學視算，也大量運用在電腦動畫或電影特效中，比方講空軍歷史的戲劇「一把青」，運用了龐大的動畫模型和算圖工程，結合七百顆的動畫鏡頭、六百顆的 3D CG，呈現出動人的影像。

二〇〇三年，高速電腦中心正式轉制為財團法人，終於脫離黑單位身分，隸屬於國家實驗研究院，改名為「國研院國網中心」（National Center for High-Performance Computing），致力於高效能計算、儲存、網路、平台整合等技術，擁有全台灣最強大的高速計算能量和學術網路資源。

電腦愈做愈快、愈來愈強，人一定會持續想出更多、更難、更複雜的問題嘗試加以破解。終極來看，大自然的物理、化學、氣象等方面的問題，構成了科學家永恆的大挑戰，人類求知好奇心永不能滿足，永遠都有新題目要解，奧妙也永遠挖掘不盡，超級電腦也永遠都不夠用，永遠在追求更強大的運算能力。

二〇一八年十一月，科技部國網中心砸四．三億元建置的超級電腦「台灣杉二號」，傳出好消息，在全球五百大高速計算主機中排名第二十，能源效率更是全球第十，締造了台灣科技國力的新紀錄。未來將投入在政府研發的智慧機器人、自動駕駛車輛實驗等前瞻計畫項目，另外的五〇％則會用在金融、醫療、製造等領域。

看到這則新聞，讓我想到台灣的下一步呢？我最近到處演講，鼓吹大數據與人工智慧跨領域的應用。這是台灣未來的機會，但是不容易達成，因為我們與資通訊跨領域合作的風氣尚未養成，挑戰仍多。然而這是台灣產業轉型的契機，需要大家一起努力！

第十章

開拓

為台灣網路發展披荊斬棘

早在九〇年初，網際網路還是一個十分新鮮的東西，即便連電信龍頭都以守舊、顢頇的姿態，竭力要防堵禁止。我卻力促HiNet誕生、學術網路頻寬由T1升級至T3、推動國家網路資訊基礎建設（NII）、說服政府加入美國「下一代網路計畫」，參與台灣這場驚心動魄的網路發展史。

時光倒回三十年前，台灣的網路彷彿仍處在洪荒初開、萬事混蒙的階段，不管是對網際網路的觀念與應用，都在非常原始的層次。不僅一般民眾未聞其詳，就連電信局主管、專家都不理解它到底是什麼？於是我親耳聽到下面的臆測、猜想以及不信任：

「internet？有了網際網路之後，就沒有人寫信、打電話了，我看你們這些教授是想逃避支付長途電話費吧？」

「網路是很方便啦！你說貨櫃好不好用，當然好用啊，可是裡面放什麼東西別人都看不到，那有人就拿來販毒嘛！」

「少了電信局進行中央交換機、少了集中管控，網際網路一定會失敗！crash、collapse！」

這些想法今天想起來簡直不可思議，但不要吃驚，若非我在國家高速電腦中心，見證參與了這樣的歷程，我也無法想像曾走過這麼不可思議的時期，也才會對今天網際網路發展的榮景，這麼有感覺。

從T1到T3的發展

台灣最早的網際網路是在各大學之間使用的學術網路，而台北新竹之間只有一條T1纜線，包攬語音與數據傳輸的功能。語音頻寬需求較低，以T1而言已經夠用，但用做數據通訊時，卻相對不足。當時我們在高速電腦中心已經進行各項大量的計算、圖像交換與各種研究，T1完全不足以支應我們所需要的速度與容量。就好像好不容易開了一輛超跑，卻被迫要擠在彎彎曲曲狹窄的田間產業道路，無法加速、更無法會車，非常困擾。

因而台大教授們若需要超級電腦，得特地來一趟新竹。但是偏偏那時台北與新竹之間只有一條國道一號——中山高速公路，而且還是最陽春（沒有高架路段多線道）的老樣子，更別提國道三號，根本連影子都沒有。大家都擠在這一條高速公路上，可以想見每到週末傍晚下班，我由新竹六點出發，開到九點才好不容易來到泰山收費站，好幾次憋尿都憋到快爆了。可以想見那時中山高有多慘，難怪他們不來新竹。

「塞車的高速公路」正是一則很好的隱喻，正如同台北新竹之間學術電纜只有一條T1，由於頻寬不足、經常塞車。其實網路若只純粹用來收發email，半個小時左右若可以寄達，大家不會覺得有任何不便。可是科學家們在高速電腦中心做實驗時，卻不能按下指令後還得等三、五分鐘才得到回應，它要求即時性的回應，時間的延遲將造成研究效率低落，根本做不了任何複雜的研究。

因而台北學術圈很多人不想大費周章跑到新竹，相對占盡地利之便的清大、交大的教授與學生，卻近水樓台做出很多突破性研究。清大前校長劉兆玄有次告訴我，他指導的學生在實驗室做好幾個月的化學實驗都沒有結果，卻在高速電腦中心藉由反覆模擬、修改參數，不出幾天就有了結果。

因而我有幾次被台大的教授朋友調侃：「呵，張善政你離開台大、借調到國科會，原來是為了清大、交大設電腦中心啊？」我聽了真不是滋味，心想，高速電腦中心怎麼只是清大和交大專屬的？它是國家的！但被他們這麼說，一時間我又提不出有利的反駁。為了要他們都服氣，我向教育部反映，建議雙方合作將學術網路的頻寬由T1升級至T3，趕快將高速電腦中心連結新竹與台北的電纜頻寬加大。

其實，從今天的眼光來看，T1的速度也才1.5 Mbps，而T3（採單號編碼，因此並沒有T2），說多大概也只是45 Mbps，還是非常之小，現在每個家庭隨便都可以申請到500 Mbps。

頻寬加大到T3至少可以跨出第一步，讓產業道路可以變成雙向通車的公路。可是萬萬沒想到，我在與當年的電信局討論頻寬升級、申請T3纜線時，卻狠狠地踢到一塊大鐵板。

中華電信那時仍未公司化，隸屬於交通部郵電司轄管的「電信局」。一問之下，它們其實早就備有這種線路，卻自認為不會有人要使用，根本沒有拿到市場出租，連牌價都沒有標定，所以就算想租也租不到！「我們T3是不租的，費率表只到T1，再上去就沒有了，啊也沒有誰要用啦！」他們勸我打消念頭。

這些門外漢完全無法想像，我們下載電腦繪圖時所需要的速度及容量，我解釋高速電腦中心進行大量的數據通訊，非常需要T3。但電信局執意認定：「你們一定是想當二房東，把頻寬切割出來，再轉租出去賣給其他單位，想要賺台北與新竹的長途電話、語音服務的錢，跟我們搶生意！」

實際接觸之後，我發現電信局從上到下，對於網際網路抱持著相當反對、絕不看好的態度，非常不樂見朝數據網路發展。在某次學術會議上，我聽到電信局某位手握大權的副主管說了這麼一席話：「internet？有了網際網路之後，就沒有人寫信、打電話了，我看你們這些教授是想逃避支付長途電話費吧？」當場讓所有教授們氣得臉都綠了。

他是傳統語音派出身的，受限於語音通訊的觀點，又故步自封不願接觸新趨勢，完全無視於數據通訊的新需求。他以極為不屑的口吻說：「網路是很方便啦！你說貨櫃好不好用，當然好用啊，可是裡面放什麼東西別人都看不到，那就有人拿來販毒嘛！」

他不自覺的保守防衛態度，可是觸怒了一竿子人。但最教人吃驚的是，那幾年微軟總裁比爾．蓋茲曾應邀來台參與一個座談會，我也被指派參加。比爾．蓋茲提及美國各界普遍認為網際網路非常有前景，微軟也將大力投入研發時，這位副總聽了之後，十分不以為然，還當著比爾．蓋茲的面大唱反調：「因為internet多頭分散，少了電信局進行中央交換機、少了集中管控，網際網路一定會失敗！」

我記得很清楚，他用了絕對性的crash、collapse等字眼。比爾．蓋茲見多識廣，笑笑不予置評，但是在場的專家們卻面面相覷、無比難堪、恥感破表，我也只能猛搖頭，嘆口氣，這種話真是丟台灣的臉啊！但能怎麼辦呢？我們要面對的就是這種人。

其實網路架構與電話語音的架構本來就不一樣，語音架構是所有的電話都連線到中央機房的交換機裡，由交換機轉到另外的號碼。可是當傳輸量大到一定程度時，交換機一定會吃不消而塞車，甚至當機，反而網路的扁平、分散，卻更能靈活機動，不會崩潰。

在這種巨大的認知落差下，即便我們一再強調要推數據通訊，他仍覺得網路一定別有陰謀、包藏禍心，電信局始終堅不開放T3，怕我們轉租。

我們花了很多工夫，經過一次又一次的要求，最後硬是請出了時任科技政務委員的郭南宏（前交大校長），請他幫忙協調。因為郭南宏曾擔任過交通部長，才讓電信局配合。

經歷過這些風波之後，學術網路T3總算是要到了。如果沒有T3，高速電腦只在新竹關蚊子，變成清大、交大所謂的「私人機房」。這條是台北到新竹最重要的骨幹，後來再由新竹到台南成功大學也拉了一條T3，無形中北、中、南各大學及教育部，串聯成一個暢通無阻的網路迴圈，加速網路的普及應用。

從Seednet到HiNet的另一場戰役

網路最早是美國大學內研發出來的技術，以學術為主流，漸漸地美國商業界興起了使用網路通訊的風潮，用它做生意。一開始，學界對此頗為感冒，覺得有辱學術的格調。當時美國曾有一家律師事務所，在網路上刊登代辦「移民綠卡」

廣告，說不定這是網路商業使用的第一個案例。此舉引發了學術圈不滿，有些電腦高手模仿駭客手法，用盡各種方法癱瘓這個網站。

顯見當時學術界的人對於網際網路的商業應用，有著極深的潔癖，不願「商業」汙染學術淨土。然而，需求是發明之母，既然有這麼好的工具，為什麼不用？網路商業化變成勢不可擋的大趨勢。

台灣一開始也跟美國一樣，除了學術網路之外，不允許其他人士連線到國外。大家一定都會覺得，有網路卻不能連到國外，那要網路幹什麼？現在會這麼想是理所當然的，但當時電信業者的觀念卻完全不是這樣。當年，台灣與國外的往來通訊主要以電話、傳真、郵寄為主。

資策會預見網路即將大幅取代傳統通訊，向經濟部申請到專案經費補助，架設出一項屬於試水溫、實驗性質的網際網路——「Seednet」。既然定位為實驗，意即屆時經費燒盡，計畫就得終止，而且因為當年國際線路受到嚴格管制，它必須仰賴學術網路給予「靠行」才能合法連線至國外。

當時竹科很多大廠、業者看到這麼快捷好用的網路，便搭 Seednet 的順風車，搶得與國外客戶、子公司聯絡先機。電信局發現這個現象，極為不滿，認為「網路的實驗歸實驗，怎麼可以私自接科技業者的通訊服務，這是違法的。」雖然電信局本身不提供網路服務，但也不准別人先用，於是逕自準備將 Seednet 剪線停用。

因為電信局傳統的主力業務是電話、傳真，一旦有了網際網路，就沒有人要用越洋電話與傳真了，無異間接搶走他們的商機。這種老大哥級業者的反彈，其實是舊模式要被新革命取代下的過渡過程。

即將遭到剪線的 Seednet 透過資策會向科技教父李國鼎申訴，轉到行政院國科會協調。那時我是高速電腦中心主任，為了平息這場風波，由科技政委轉任國科會主委的郭南宏要我在國科會例行委員會做一次詳實的簡報，闡述網際網路的發展及其重要性。

第一次報告當天，直屬管理單位交通部劉兆玄部長突然有事不能來，郭主委便指示，劉部長若不克前來，我們便不進行簡報，這件事非要交通部長親自來聽看看。再等三個月之後例會，劉兆玄部長親自來開會，終於由我做了一次完整的簡報。

我援引美國各項資料，實事求是地指出，網際網路全面性運用是未來的大趨勢，很有商業化潛力，美國的科技業者早已朝這方面發展。台灣應該要提供一條正式的商業服務線路，讓業者可以合法使用，才不會逼他們走灰色地帶。

劉兆玄部長聽完整件事的來龍去脈後，立刻掌握到要點，明快下令，三個月之內一定會請電信局說明是否有能力開放國際連線。如果有辦法開放，那要什麼時候開始？如果沒有，也要說明是為何之故？

部長迅速而有魄力的決策，使得電信局不得不有所動作。長久以來，電信領域分為「語音」及「數據」兩大領域，語音是獲利的巨人，數據的營收占比非常之小，不受太大重視。

因此，長期以來，他們對數據通訊很生疏，能夠接受網路，老實說也是劉兆玄部長逼出來的。但是在跟我開會時卻狠狠把我臭罵一頓：「你到底跟部長講了什麼，要我們做什麼？」他們坦言，網際網路這一塊他們早就評估過了，負責的那一位甚至說：「這個趨勢我們也知道啦，全台灣一年不過一億的營收，對比電信總局好幾百億只是極微小的一點，不成氣候嘛，我們根本沒興趣做，才不是因為沒有這樣的技術呢！但是現在卻因為你的簡報，被逼著一定要做。」

言下之意，就是我給他找了一個大麻煩，現在部長下令，只好硬著頭皮去搞一塊「不賺錢」的業務，這就是後來大家普遍使用的 HiNet 網路系統。

有了 HiNet，科技界就不必走灰色地帶，直接花錢光明正大向電信局租用電信服務，Seednet 也回歸它做為實驗計畫的任務。之後電信自由化，Seednet 由資策會切割出去成為獨立公司，許久之後被遠傳併購。

在網路商用上，劉兆玄部長有大功勞，我只是受命向他報告而已，要是他聽了之後回去就丟一邊，也沒有今天的變化。附帶想起一件趣事，在那個年代裡，台灣與國外的通訊都要受到警備總部的郵電檢查，以防止有人透過信件、電報或電話洩漏重大國家機密。這時候，問題出現了：透過網路傳送的資訊，要如何檢查呢？

好笑的事情來了，那個時候，警備總部想了半天，最後決定派兩個人守在教育部的機房裡，形式上是在做檢查，其實透過網路傳送出去的資訊，肉眼哪裡看得見！現在想想，還真是荒唐。

因此，我真心感到，台灣網路發展是由很多人共同努力，挺過這些風風雨雨，才有今天的發展。後來劉兆玄部長從交通部到國科會，我再度向他提議「下一代網路計畫」。

從NII到NGI

九〇年初，我在國科會擔任高速電腦中心主任之際，科技政委夏漢民對網路應用有很強的興趣，於是在果芸先生的引介下，推薦我向他簡報網際網路最新發展，我向他提議推動「國家網路資訊基礎建設」（National Information Infrastructure，簡稱NII）。

我接觸大量國際資料，研究美國NII計畫有段時間了，NII當年是美國副總統高爾任內推動的代表性大計畫（可惜二〇〇〇年美國大選他以些微差距輸給小布希，否則他當選總統，NII將變成美國全力推動的國家政策）。

我前後向夏政委簡報兩次，最終他拍板我們也要推動國家型ＮＩＩ，也定調為他四年任期最重要的政策之一。甚至他後來離開了公職，仍向業界募款自組「國家資訊基本建設產業發展協進會」，投入用心的程度，可見一斑。

ＮＩＩ目的在於，將網路各項應用推廣、普及，深化網際網路在生活上各種應用。為了做到硬體、軟體一次性整合，當時夏政委協調了工研院、電信局及高速電腦中心共同投入，我們利用高速電腦中心裡的一個大空間，由工研院花心思改造成一個未來客廳，布置了舒服的沙發、電視及音響等，打造出時髦感十足的 open house，同時展示各種網際網路前瞻性應用：如電信局負責視訊會議，工研院設計出一套網路娛樂系統、電視螢幕上可以點選很多電影，如今日之ＭＯＤ。當時我設計出一套網路多媒體系統，可以在網路上聽歌、看影片、選購房子，還記得我當時挑了歌手萬芳的成名歌曲「新不了情」。

而當時線上看屋服務，我們找了信義房屋共同合作，完成一個小芻型，在網頁上刊登很多照片，讓客戶對房子有預先的想像，再從中挑出最喜歡的實景探察，可以省時省力。這個先發性概念，成為今天信義房屋３Ｄ線上看屋最早的濫觴。

NII計畫的示範應用就在大家協力下風風光光啟動了，如今遠距視訊會議、直播我們早已日日享用，司空見慣，而且用一個小小手機就可以統統搞定，但這些在當年可是很先進、很潮、很酷炫的應用。

當時根本沒有想到手機會出現，但NII的成功，必定會帶動相關業者投入，影響了整個產業的生態。所以台灣今天網路發達，一方面是國際局勢所趨，另一方面可以說是NII打下的基礎。

在推動NII之後的兩、三年間，我到處用功找資料，頻繁地向夏政委簡報各項網路最尖端的趨勢與發展，次數之多，已不復記憶。等到我即將離開高速電腦中心之際，才赫然發現這一系列的簡報編碼由NII01編到NII99，最後更超過兩百則PPT，連自己都嚇了一大跳。幾年間我居然向同一位政委做簡報，超過了兩百次，這些無形中磨出我對網路的深知識，也磨出我簡報的功力。卸任時，我把這些檔案悉數統統移交給繼任的吳瑞北主任，毫不藏私。他之後在一個會議遇到我，驚嘆地說：「張善政你上百個簡報真的太棒了，我從頭看到尾學到太多、太多東西了。」

簡報精采，讓人捨不得吃便當

一九九七、九八年時，我在高速電腦中心待到後期時，美國的網際網路已經變得非常凌厲而強大，而且柯林頓政府還投入更多資源，不斷實驗新的應用。美國的「國家科學基金會」（ＮＳＦ）此際正大力推動「下一代網路計畫」，計畫利用網際網路聯合其他國家共同合作，分散運算，將連接速率提高至當時網路速率的百倍到千倍，以利新的應用與實驗。

當時國家高速電腦中心的各種電腦繪圖研究正如火如荼地進行，資訊交流能夠刺激人的創意，而網際網路正是在這樣的情況下慢慢發展成熟。因此，我認為研究型網路的速度一定要比當時的一般網路快至少十倍以上，才有辦法與美國研究單位齊頭並進，建立起合作的可能性。

因為我們的電腦仍不夠快，需要結合國外強大的運算資源，此時劉兆玄已經接任郭南宏國科會主委的位子，我於是向他建議台灣應盡快加入美國ＮＧＩ，以取得並駕齊驅的優勢。

為了遊說劉兆玄主委支持，我利用一次中午吃便當的時間做簡報。他的專業是化學，對網際網路不是非常理解，所以我由最基本的網際網路概念及起緣開始談起，一直進展到如何用網際網路串聯世界的強烈需求。一時間，我想表達的東西太多，一口氣準備了五十張簡報，我講得滔滔不絕，渾然沉浸在自己的思路裡。之後他的祕書來告訴我：「張主任，你有沒有注意到，我們老闆都沒有吃便當。」也許這些都是新知識，劉主委也聽得渾然忘我，這一頁不能不看，下一頁也不能不看，到最後都不忍低頭，便當一口都沒有吃。

他聽了簡報，深覺這是高速電腦中心應該做的事，於是撥出經費支持，把台灣的網路頻寬再加大，要我著手申請加入美國ＮＧＩ。ＮＧＩ的目的在於鼓勵即時性的跨國連線、協同運算，好比兩個地區不同醫院連線合作，讓美國醫師可以從遠端協助台灣醫師共同為病患動複雜的腦部手術等等，這項技術現在來看很平常，而且已經實現了，但在當年卻是很大的挑戰。今天網路的方便進步，其實是過去一步一腳印逐漸累積突破的成果。

我從大學開始雖然從土木專業出發，但是人生的後半場竟然逐漸朝著資通訊領域拓展。這個漫長的過程，我都一路參與、見證，緊貼網路發展，到了二〇一二年，我接手「國家資訊長」時，那又是一個新時代、新科技的全面挑戰。

第十一章

跨界

理工的腦，人文的心

九〇年代末期，我進入國科會企劃考核處擔任處長，推動「數位博物館」計畫，讓博物館在科技加持下，將這些「養在深宮人未識」的館藏放上網，從傳統的「人文」，走向「數位人文」，希望讓這些公共文化財，造福更多受眾。

有了國家網路中心的歷練、參與全球性的網路新一波革命，我真是有幸能夠躬逢其盛，眼見日新月異的技術演進，無形中不斷拓展我的視野。

在擔任國家網路中心主任時，我總計歷經過三屆國科會主委，首先是夏漢民、之後是郭南宏、最後是交通部長轉任來的劉兆玄。那次「下一代網路計畫」詳實的午間簡報，給劉兆玄主委留下深刻的印象，他認為我適合做大方向的規劃。一九九七年年底，他要我轉任「國科會企畫處」，擔任處長，這成為我進入政府部門服務，由技術轉為政策屬性工作的轉捩點。

進入政府體系，為更多人做事

企劃處是個單純的幕後行政單位，但其實我並沒有高考資格，說來仍是個黑官。「企劃考核處」專門研擬大計畫（科技部成立之後，即改名為「前膽科技司」），顧名思義，它的任務很清楚，在於為未來找到對的方向。

可是當我還沒有正式接任時，一九九七年年底，劉兆玄主委即轉任行政院副院長。當時我剛好去歐洲出差，回來老闆忽然變了，一時感到驚愕。所幸，接任的主委黃鎮台積極要創造自己任內的特色，全力推動「科技與人文結合的計畫」。這想法正與我不謀而合。

當年我受到好友、台大資訊系教授項潔的影響，他認為善用數位工具，將能夠為人文找到新的面貌或出路。項潔主攻資訊在人文上的運用，更是台大創校以來首位非圖書館系出身的台大圖書館館長。

一直以來他著重在推動數位博物館，我一聽他的建議，深受啟發。平常我跟朋友相處時，其實不太講話，然而我經常在傾聽別人的話語中，觸發一些靈感，或是激盪出新的想法。因此，在我任內這短短兩年之間，我以行政機關的力量，聚焦推動「數位博物館」計畫。簡單來說，便是將台灣的博物館都放上網路。

數位博物館緣起

其實，我會對將台灣的博物館數位化這麼有共鳴，還有一則個人的小故事。

擔任國科會企劃處長時與主委黃鎮台赴歐考察。
（上右1為黃鎮台，上左2為張善政）

多年前，有一次我去歷史博物館看一個期待已久的展覽，正剛開始看不久，遇到一位小學老師帶著學生來參觀。可能展示的內容對小孩子沒有吸引力，或是過於靜態，覺得無聊的他們便在館內喧譁推擠。

不久，一位帶頭打鬧的孩子嚷嚷後面靠荷花池的陽台有賣飲料、冰淇淋，結果局面更加騷動，小朋友只想快快逃出去，搶先去陽台買冰淇淋、賞荷花。整個班級大動作地穿越文物展區，令在場的觀眾整個遊興大減。這件事衝擊著我，讓我日後不斷思考博物館如何在推廣與教育上，運用新興的媒介，找到最合適的目標觀眾，也讓真正遠道而來的慕名者享有優質的觀賞氛圍。

我想若全台灣學生，在出發之前，可以先由老師介紹文物的價值，故宮有這個展品、史博館有那個特藏等等，先靜下心遠距教學，做足功課、誘發學生的興趣，再來現場印證，這樣效果可能最好。

那麼博物館又可以做些什麼呢？「數位博物館」原始的概念是：「在網路上開發有意義、高品質的主題系統及技術，建立文化藝術性、科學教育性的內涵題材。」找到精采的好題材，加以數位化，讓所有人都能以最便捷易懂的網路，一親典藏品的芳澤。

例如，台大人類學系與中研院史語所等，內部有很多珍貴的典藏，但或為保護文物，或為研究所需，根本不對外公開展覽。充其量僅每年開放幾天給一般大眾。

數位博物館計畫就是讓博物館在科技加持下，將這些「養在深宮人未識」的珍稀館藏全放上網，從傳統的「人文」，走向「數位人文」，讓這些公共文化財，造福更多受眾。

在計畫定位上，當時我的規劃包含上游的學術研究與資料庫，中游的大眾化與親和介面，下游的教材開發與加值應用四大區塊，而具體做法方面，著墨較多者為中小學教育的應用。

後設資訊詮釋的難題

這個計畫首要爭取的便是我們最國際級、最宏偉、館藏最具代表性的故宮，當時我拜訪了秦孝儀院長，原本以為他年紀大、難說話，很擔心他會直接拒絕，沒想到十分意外，他一聽便欣然接受；第二是歷史博物館，當年館長黃光男也是立刻贊同，這兩大博物館都願意來推動，也帶動博物館界一陣數位化的風潮。

然而，實地來做，我才發現，原來這個計畫最難的反而不是科技工具的運用，而是背後的人文詮釋，也就是關於涉及典藏品到底以何面目呈現？如何詮釋意義？怎樣凸顯其價值？諸如此類科技無法排解的關卡。

這些問題很棘手，不同的典藏品有不同的「Metadata」（後設資料，藏品背後的文化脈絡、價值、定位等），如同每一本書，在圖書館傳統的書籍資料卡中，會載用出版日期、作者、出版社、內容梗概等等。同樣地，每件藏品都有自己的血統履歷定位或價值，類似典藏品的「身分證」，這些範疇的分類及界定都不屬資訊領域，而涉及人文領域詮釋觀點，有詮釋觀點就可能產生歧義性，好比之前歷史博物館展出清乾隆皇帝出巡時的一張「領路旗」，當它要公諸於世，亮相展出時，史學界爭論這面旗子的「Metadata」究竟該如何定，結果竟然爭論了幾個月都沒有共識。偏偏人文領域不是非黑即白，一定有絕對的對錯，端視採取的史觀和立場而有不同的評價。這件事令理工男的我，印象十分深刻。

往好處想，這也促進不同的思維激辯交流，未嘗不是一個好的開端。而其他有幾項令我印象深刻的計畫，例如，有一位史學教授提出要將唐三藏當年取經的路徑再走一遍，配合文獻、考古發現，以及沿路的自然景緻做成數位教材，將這個計畫放上網，以今日的科技手段，立體全景呈現這趟取經的林林總總，讓平面的史料得以重新復活再現。

當然還有生態自然類的典藏，如台中科博館以典藏自然生態類為強項。台灣一直有「蝴蝶王國」的美譽，項潔教授將蝴蝶當成典藏品放上網路，做出「台灣蝴蝶典藏」網站。小朋友出外遠足如果看到一隻感興趣的蝴蝶，他可以上網注記它的特徵、顏色、棲地等等，投放到這個網站比對、撈取資料，最後篩選出他所想要認識的蝴蝶，而不必犧牲蝴蝶的生命。

後來這項計畫愈做愈大，博物館界愈來愈能對應科技發展，趕上數位化的潮流，在我離開國科會之後，它逐漸擴大為國家型計畫之一——「數位典藏計畫」，持續進行，大家都意識到這麼好的工具不使用真是太可惜了。

總結來說，這個計畫開啟了台灣博物館以數位做為工具的風氣，培養了博物館將典藏展品數位化的能力；經由訂定「Metadata」，讓人文領域不同學門之間更頻繁溝通，間接促成資訊與人文兩個領域的對話，產業界也投入更多數位化科技。而「Metadata」有其隸屬的國際組織，在製定討論的過程中，也加深了學界走出自己的象牙塔，積極與國際組織對話學習的經驗值，這也是台灣融入世界的一種方式。

著眼於大眾教育

當初我們內部工作小組中曾對路線有不同的看法，有委員表示國家型計畫的目標應該是國家文化的傳承，雖然包含知識的推廣，但不應以「大眾科學教育」為主要目標。

可是我持不同看法，我基本上由使用者（或消費者）的角度來思考，希望藉由「大眾科學教育」題材製做過程中，凸顯基礎方法研究的重要，從而強調國家型計畫的必要，以免一開始讓人感到高高在上，過於僵硬說教，甚至給人一種防衛的心態。這種取向與我日後在政府部門工作的思考是一致的，我始終認為好的政策不能強制性地由上而下命令，必須對應地由下而上去思考民眾的真實感受。

有了「傑克．李蒙」悲慘教訓的啟發，溝通的因子一直在我內心發酵。普及化和大眾教育一直是我在國科會致力的方向。我的邏輯是如果原本的成果已經做到五十分，那我再花五十分可以做到傳播普及的境界，便可以讓前面的五十分擴大效益。

如今和平東路二段科技大樓一樓騎樓，有一大面電視牆，也是展現政府想努力溝通科技研發成果的意圖。

這其實是一個兵家必爭的熱門地段，緊臨捷運站，眾多民眾通行，交通如此便捷，一直以來，很多政府單位都希望將辦公室搬到這裡。我在國科會乃至之後的科技部時期，便一直堅持，面對騎樓的那一面，誰都不可以動用，專門用做展示窗，而且必須是動態的。

科技部向來是冷門單位，大部分的民眾一定不會知道它所推動的事務。我思索著，科技部每年花政府幾百億的預算，要怎麼向社會大眾交代？所以我們在其中陳列很多液晶電視顯示螢幕，將科技部所屬單位過去的成果，製作成精美的短片循環播放。比方衛星空拍的美麗台灣照片、重大研究突破、電子顯微鏡下各種不可思議的微觀照片等等，換個角度來看，它們一樣是藝術品。

而且從納稅人的角度，這些花大把預算做出的學術研究成果，如果只發表期刊論文，停留在小圈圈內欣賞，十分可惜。我們當然希望錢花下去了，效益能達到最大，能有效溝通，民眾對公部門的支持度將可以提升。這些兼具報告及推動科普的展示，至少是我們可以做到的。下次你若走過科技大樓，不妨停下腳步，稍加駐足，將可以看到製做精美的短片，說不定能啟發你對科技新知更驚奇的發現。

第十二章

鬥智

為台灣的國安鋪路

網路普及之後，資安是一個大問題。千禧年，我離開政府部門，轉戰宏碁子公司安碁，十年間，我面對第一線資訊安全的挑戰。我們必須辨識各式最新的攻擊手法，思索圍堵的方法，讓既有防衛體系更完備、更加滴水不漏。有時甚至得化身為駭客，混入暗網中去套情報，上演無間道臥底、兩邊鬥智互搏的戲碼。

在國科會企劃處那兩年間，我有機會接觸到許多與科技相關的部會機關，看到當年公務人員普遍缺乏對電腦科技的應用能力，偏偏ＩＴ卻是一項日新月異的技術。這種感覺愈來愈強，教我不禁懷疑，若是我持續在公家單位待上二十年，最後會怎麼樣呢？

當時面對政府保守緩慢的步調，我一個小小的處長，似乎發揮不了太多的影響力。所以當二〇〇〇年三月，宏碁創辦人施振榮、黃少華兩位先生邀我轉戰宏碁子公司——安碁（Acer e-Enabling Data Center, eDC）時，我便一口答應了。

從無到有，尹衍樑親自出馬

九〇年代末，施振榮與黃少華預見網路的發展，計畫在龍潭渴望園區，建立一座國際級的「雲端資料中心」，規模足足有我早先服務新竹高速電腦中心的五十倍，可以容納的主機數量更是當時全國第一。這計畫光是第一期建廠工程費就投入二十幾億，總計我在職的前後十年間，宏碁母公司從建築硬體、機電到技術轉移，至少投資了五十億台幣，比國科會高速電腦中心整整多了一個零，手筆之大，真是前所未見。當然這比起後來 Google 在彰濱數百億的資料中心投資又為遜色，但也凸顯了雲端時代強調經濟規模的趨勢。

安碁這麼大的計畫，也開拓了我的視野。當年這個超級機房的工程，由潤泰建設得標，總裁尹衍樑拍胸脯保證說：「施先生，潤泰雖然沒有做過機房工程，但是如果我們接的話，一定把它做到十全十美。」

規劃啟動之前，我們組了一個考察團，飛到美國 HP、IBM、AT&T 等大公司取經，觀察他們的資料中心機房、機電設施運作實況。它們之所以願意開放，也是在探求彼此合作的商機。尹衍樑更是派了潤泰團隊同行，參訪一圈回來之後，他感慨地說：「啊，事情大條了，這絕對是台灣首創、沒人做過的大工程。」

其實土木工程本身問題好解決，重點在機電系統整合的難度非常高。光是國外顧問 F&K 公司的設計費用就高達數千萬，設計理念也是台灣少有，嚴謹到了吹毛求疵的地步。比方機房不能停電，為了備援，必須埋設兩條輸電纜。台電原本只願意提供一條，因為電費是按用電量收費，不是按線路多寡收費，平時只用其中一條，另一條的成本就無法攤平，他們覺得不划算。最後折衷的辦法是，台電要求我們每個月的電費必須加成，用以補貼第二條電纜的投資。

另外，這兩條管線進線入口至少需間隔五十公尺，以防兩條線路同時被挖斷。這可麻煩了，因為一般大樓，少有如此大的面寬。好在我們基地寬度超過百米，可以符合。國外顧問公司的要求，一舉拉高我們對風險的意識。

而且這棟五層樓的建築外部還建了一個地下油庫，以供停電時自行發電之需，但是，即便油庫容量可供數日連續自行發電所需，還是有斷炊的顧慮，因此連供油合約都要找兩家簽約，還有附帶二十四小時供油時效的要求。

尹衍樑自任總工程師，親自跳下來督軍。他是乙方，我代表宏碁擔任甲方，但說實話，他到工地監工的次數可能比我還多。管理工程，他有獨特的心法，要求工地不可以有爛泥、不可以吃檳榔、不可以抽菸等等，抓到就罰錢，工地主任受命嚴厲監督施行。下雨天，工地難免泥濘，主任鞋子不小心沾到一點泥巴，尹衍樑二話不說，親自彎腰用手巾為他擦鞋。這樣一來，工地敢隨便有泥巴嗎？主任肩負的管理壓力會有多大？而整個工地的紀律及標準程序的執行率，亦可想而知。

雲端資料中心機房先天要蓋得如堡壘般銅牆鐵壁、滴水不漏、恆溫、恆濕、抗震、防火、防颱；而後天的管理上必得嚴格管制，杜絕一切干擾。

有一年，我台大土木系以前的老師歐晉德，受尹衍樑邀請參觀雲端資料中心，我負責陪同解說，歐晉德看過後說：「哇，我從來不知道台灣可以有這樣的工程水準。這是我看過台灣最好的工程品質。」被工程資歷幾十年的專家如此稱讚，我們真的很高興。有了建造高端機房的經驗，潤泰也順利開拓出興建高科技廠房的市場，後來在國內占有一席之地。

身負巨大業務壓力

當年「雲端機房」還是一種全新的行業，龍潭機房運轉之後，每年的電費高達四億元，地下室的儲水槽水量高達六千噸，規模為當年台灣之最、等級最高。

我擔任安碁負責人，面對母公司巨額投資，背負的財務壓力非常之大，勢必要盡可能爭取客戶，包括政府機關，假日經常都在準備標案、寫企劃書，無日無夜想拓展更多收入。

好在從建廠開始遇到很多貴人，潤泰底下有金融保險業，尹衍樑叫他們不要自建資料中心，直接由我們機房來承接備援業務，成為我們的第一個客戶。

我們的生意邏輯強調，「主機」設在我們的機房，遠比其他地方安全，加上之後我們推出的備援及資安等服務，幾乎可以保證客戶完全不需要有任何安全顧慮。啟用頭兩年，資料中心就開始賺錢，之後也全部完售，台灣有近一半銀行的備援資料中心都在龍潭渴望園區；而在Google於彰濱工業區建造自己的機房之前，它一直是我們最大的客戶，可見我們的服務品質受到的信賴。

這期間，我也跑大陸多次，想要推展業務，但時機可能還未成熟，那時他們對「雲端」「備援」仍霧煞煞，未有意識，所以拉生意拉得很辛苦。等到十年之後，我離開時，雲端中心與相關服務的營收已突破十億，利潤也近一億，這在資訊服務業中是很不容易的占比。

2000年張善政接受施振榮邀請擔任安碁公司負責人，成功開拓備援服務和資安業務，並為台灣的資安奠下良好基礎。

推動備援加值服務

有人說，出租機房像是賣「房地產」「租房子」，又因機房電腦安裝在一格一格的櫃子，看來很像生前契約，又被戲稱為賣「骨灰罈」，可是它一直是安碁最主要的業務，獲利也最穩定，但為了拓展更多財源，我向施振榮提案推動「備援」的加值服務。

說起「服務」這項產品，當時對許多人來說，還是個滿新穎的概念，相對於以往公司行號販售看得到、摸得到的產品，「服務」是沒有實體的，然而這樣的商品，在未來將會成為一種趨勢。

「備援」服務指的是，某公司因更換零件、天災人禍、故障修理而關閉主系統時，可以立刻啟動第二套主機系統上線接替營運，使業務完全不中斷。而備援為什麼如此重要？有位銀行經理向我透露，萬一銀行電腦系統故障，全國所有分行、營業一整天所有改用手寫的資料，必須耗掉整整一個禮拜，一筆一筆重新鍵入盤點、整體更新後才可再營業。而在這一個禮拜中，銀行是不能開門營運的。

然而，備援是一項極專業的技術，到底資料要多久時間更新？如何讓兩個系統內的資料達到分毫不差的一致性？備援作業的ＳＯＰ能否有條不紊，按部就班，皆事關重大。好比客戶在提款機提款，銀行主機與備援機房的所有紀錄必須要同步，容錯值趨近於零，時間差距愈大，風險愈高，僅誤差五分鐘資料未及時更新，一旦遇到強震、天災、恐攻或不可抗力的因素，勢必將嚴重損及客戶權益。就拿最敏感的「彩券」來說，涉及天文數字的獎金，簡直間不容髮，投注系統必須有同地、異地三套機器同時運作，備份完整後才可能列印彩券給購買人。一般購買者在櫃台投注時，投注單的掃描與彩券列印幾乎同時完成，完全沒有感覺背後有這樣複雜的作業流程瞬間同步完成。

原本我們對「備援」沒有 Know-how，必須向國外尋求廠商「技轉」。當時我們找了美國最有信譽的一家廠商 Sungard Availability Services。九一一事件時雙子星大樓倒塌，無數公司化為灰燼瓦礫，而這家公司的備援系統卻一舉拯救了上千家公司，讓這些跨國企業可以東山再起。

這家公司的口號是「the net beneath you!」以空中飛人底下那張安全網自

許，在你不慎掉落時，安全地牢牢托住你。他們在美國累積了無數輝煌的案例，SOP早已千錘百鍊，這也是整個技轉中最值錢的部分。

施先生很願意支持，光是這個「技轉」就花了七十萬美元。那時我帶著安碁幹部出國受訓、實際操作。其實，這項技轉只是一整套標準作業程序，完全沒有包括任何程式或硬體，可說是百分之百含金量的智慧財產權。

備援程序愈是仔細、愈能保住資料安全，我們會模擬無預警、有預警、測試不同層級、動員不同部門人員等，進行各項演練。比方前一週關閉消費金融的主系統，由備援系統迅疾接管；這週又關掉貸款系統，讓備援系統補位；或是模擬半夜三點地震來襲，網路停電斷線，如何啟動備援系統接替上陣。有次半夜，我們的銀行客戶，在無預警之下，演練緊急更換系統，所有相關人員緊急集合應變。結果從銀行資訊長、一級主管、相關人員都在限定時間內趕到龍潭的備援機房集合，只有一個人因為急診住院沒有到達。所以備援作業很講究「紀律」。在我任內十年間，遇到很多天然巨災，幸運的機房營運沒有出過任何一次重大事件。

防禦就是最佳的攻擊

那時我觀察到，網路普及之後，資訊維安絕對是重大的議題。可是台灣那時幾乎既無資安技術，也無資安意識，我們又再度向國外進行「資訊安全」技轉。而這項「技術轉移」門檻比備援更高，高達幾乎不可想像的四百萬美元，換算之下是上億台幣的投資。當年看不到國內其他業者有這樣的手筆，我也對施振榮先生為台灣扎根的用心與遠見打從心底佩服。

客戶如果委託我們偵測網路攻擊，我們必須比一般電腦防毒軟體的做法更進一步，在其主機系統或網路閘道置入監看模組，偵測異常的網路行為，研判敵人攻擊的頻率及方式、釐清問題的根源，再通報客戶，研擬因應對策。這樣做的前提是，客戶對我們必須有全然的信任，因為我們等於是客戶內部的自己人，網路上的行為我們都一目瞭然。

資安攻擊型態日新月異，只能以個案論個案，網路攻擊分很多種類型，大小試探到攻擊的頻率每天至少百萬次跑不掉。而依攻擊手法，可以判定來者何人，比方把總統府網頁搞掛，換上五星旗，便可以合理懷疑對岸嫌疑最大；有些攻擊是漸進的、細心鋪陳不露痕跡，好像高明的竊賊來到你家門口，小心張望之後，開始敲門碰窗、按電鈴，觀察有無人在家，之後做記號，晚上再來，再嘗試翻牆，試探可否侵入，找到最沒防衛的薄弱環節，最後破門而入偷東西。

有一個真實的案例，某家防毒軟體程式，遭到滲透，被植入木馬程式，不知情的消費者，以為安裝其防毒軟體很安全，卻反而因為普遍部署防毒軟體而引狼入室。事涉防毒軟體公司商譽，我們便與防毒軟體公司將漏洞排除。否則一旦公開內情，該公司可能就垮了。

資安的工作主要在了解攻擊的模式，研究防禦的方法。首先找到問題，拆解其手法，理解它如何透過弱點偷出東西；接著針對攻擊做出「防禦對策」，防堵它下次入侵。也就是說，勿恃敵之不來，恃吾有以待之，防禦就是最佳的攻擊。

比方我們曾發現一個政府機關，業務與國外往來沒有關係，所以設定不能連線到國外，員工上班時間也無法看國外網站。可是我們卻發現有二十幾台電腦不約而同嘗試連結到新加坡。這絕不屬於人為行為，因為普通人連續兩、三次上網被攔阻失敗就會放棄，只有程式機器人才會重複不斷偵測系統，找漏洞往外鑽。

我們之後發現，這部門的二十幾台電腦全都中了後門軟體，駭客也可能已經偷到東西，打包好準備外送，但被機關的設定擋住。經過追查，才知道有人收到「釣魚郵件」，不小心點開，造成系統感染。幸好這個機關設定杜絕連結外國，否則後果將不可想像。更早的好多年前，我們健保資料曾被駭外洩，現在對岸大概連當年我家人的健保資料都掌握得一清二楚。好在現在健保單位已經知道他們是國家防禦重鎮，不敢掉以輕心。

簡單來說，資安是「駭客」雙方鬥智角力的過程。駭客分有黑帽駭客、白帽駭客，黑帽主要從事不法活動，有自己溝通的暗網，互相學習切磋，拿A的手法修改之後成為B的手法，有時他們甚至會擦拭入侵路徑的紀錄，假借第三方，再以之為跳板，襲擊真正的目標。

我們資安的同仁必須辨識各式最新的攻擊手法，思索圍堵的方法，讓既有防衛體系更完備、滴水不漏。因此，他們的經驗值愈老到，愈值錢。有時甚至得化身為駭客，混入暗網中去套情報，上演無間道臥底、兩邊鬥智互搏的戲碼。

資安與備援一舉拉高到國際水準

資安是很高層次的服務，位於金字塔頂尖，安碁可以幫政府保機密，與網路駭客鬥智攻防。我自己最喜歡看美國的ＣＳＩ影集：犯罪現場。其實我們的工作就是網路裡的ＣＳＩ。在網路犯罪中蒐證，循線找出犯人，再將所有跡證交給警政單位來處理，這就是安碁的一項服務產品。

因為跟對岸的網軍在打仗，「資訊安全」是我在宏碁這十年最刺激的領域和題目。之後政府要打造「國家安全監控中心ＮＳＯＣ」，以國家級的力量打造國家級的資訊安全。那時宏碁與ＩＢＭ、中華電信等很多大公司都去投標。原本我們計畫由施董事長帶隊，他先開場，我再來簡報，但是施先生正好要出國，我們只好事先錄影，他藉影片提出安碁對我們台灣資訊安全的企圖及承諾，之後我們以第一名成績得標了。有評委事後說：「張善政，你運氣真好，若不是施先生開場那一番話，我們也不敢把票投給宏碁。」

畢竟投下四百萬美元才獲得的資安技轉，讓評委覺得施先生很具企圖心。資安技術日新月異，如今回頭看當年技轉引進的軟硬體系統早已過時，但是磨練出來的處理能力與程序才是關鍵，也讓我們可以自主評估，持續引進生生不息下一代的新系統。原本我對備援與資安並沒有太深的認識，等於是從零開始學，不僅是我，全台灣幾乎也等於是從零開始。當年大家都覺得電信局是國內的第一把交椅，它的水準就是台灣所能達到的頂尖狀態，假使他們做不到，等於沒有人能做了。但經由我們到國外移轉技術後，才有機會突破國內無形的天花板。評審委員也覺得施先生這一步讓台灣跨出去了，整個國內的資安及備援一口氣拉高到國際水準，可以跟國際大公司平起平坐。

試想如果我當年繼續留在公家單位，雖然可以穩定有保障地做下去，但可能沒有辦法擁有這些難得的刺激與歷練。在這幾年之間，我見識了各式各樣的網路攻擊，雖然我不在第一線監看網路，但每週都會定期參加內部會議，了解技術主管回報的各項網路安全狀況，哪些機關出了哪些紕漏、駭客攻擊伎倆如何翻新、如何研擬防範之道等等，加上我原本對技術的興趣，不斷精進之下，讓我學習到很多，也無形中預埋了日後擔任「國家資訊長」的諸多伏筆。

第十三章

突破

管理，只有一個鍵盤的距離

一家公司用一個高階主管這麼久，到底是不是好事情？新點子沒了，創意逐漸「平掉了」，像一條曲線由高峰滑落谷底，邊際效用遞減。我一直認為年輕人工作時，要想想你對公司的CP值夠不夠？如果不夠，你是否想想自己可能另有翱翔的天空，而不是等到哪天公司萬一狀況不好，把你辭退。

尋找生命中滾動的因子

在宏碁的十年間，我和電子化事業群總經理萬以寧一起打拚，培養出極佳的默契。到了後期，逐漸適應了業務，壓力也愈來愈小，一切都像行星軌道般平穩運行，如果繼續下去，可以想見大概可以順風滿帆、暢快度日。

然而一直以來，我內心總是有個不安定的因子，喜歡東摸西摸，總在熟悉重複的日子裡，燃燒著一絲絲改變的想望。在所有變動中，唯一我可以確定不變的是：我追求「滾石不生苔」的人生。

約莫在二〇〇九年，一家西雅圖獵人頭公司，透過社群網站 LinkedIn 聯絡上我，他們受 Google 委託要尋覓亞洲雲端機房的主管。人頭公司知道我土木的背景，又曾在高速電腦中心任職，於是透過兩、三次越洋 Skype 先進行初步面試。

原來我之前為了好玩，曾在 LinkedIn 登錄過我的資料。事後來看，或許登錄資料本身也是我內裡滾動基因在「作祟」，潛意識想到人生是否另有一片天空可以翱翔。

通過人頭公司面談之後，接下來 Google 總部許多考官陸續透過網路視訊與我面談，通過後，到了最關鍵的一關，他們出錢，要我飛往加州矽谷總部面對面詳談。

走到這一步，顯示兩方都已經非常認真在考慮，不會談到那麼深入之後，突然有所變卦。在這職涯預備變動期間，和 Google 接觸、面試、請假飛美國總部面試的一切過程，我也都不隱瞞、開誠布公告訴萬以寧。他可能本來不以為意，覺得我在公司都那麼順利了，大家相處愉快、工作穩定，實在看不出我為什麼要換工作，只是時常問我：「和 Google 接觸得怎麼樣？會離職嗎？要不要再考慮一下？」一直到我去美國面試時，他才警覺這件事快要成了。到後來即使再多不捨，也只能放手。

其實，我與 Google 還有一段淵源。早在二〇〇六年初，Google 與安碁合作設立亞太區資料中心時，Google 就成為我們安碁雲端資料中心最大的客戶，光這一家公司就用掉了安碁雲端資料中心總計六、七成的機房，也因為 Google 這個大客戶進來，大大挹注我們機房的業績，不僅讓我的機房全部完售，現金流可以打平，也加快了成本的回收。可以說，在其彰濱工業區的資料中心建造起來之前，Google 一直是宏碁最好的業務夥伴。只是沒有想到，有一天我會成為 Google 的員工。

自覺 CP 值遞減

處理離職的關係，必須真誠審慎，我不願留下任何不愉快。我對公司給我這十年的發揮機會，表達感謝，但當時我有個沒有說出口的私人的考慮。一家公司用一個高階主管長達十年之久，即使已經充分嫻熟業務，不會犯大錯，也不必花太多心思，即可輕鬆過日子，但當部屬把我的個性，性格好惡、管理風格，都摸得一清二楚，這樣站在企業文化上來看，到底是不是好事情？

過去我們台大土木系有位老師借調到教育部擔任科技顧問室主任，之後教育部長換人，新部長請他留任，他仍堅辭，回台大教書。站在台大立場，土木系的師生其實私心希望「朝中有人」，有個內線在教育部似乎比較能照顧到系裡。我們向他開玩笑問：「為什麼不留任教育部，造福台大？」他說：「我向新部長說，過去幾年下來，我的價值已經用完了，可以貢獻的新點子也都提過了，即便現在換了新部長，但是我對教育部的價值已經『平掉了』」。

我在宏碁已經十年了，必須面對在一個地方待久了，是否我能貢獻給宏碁的新點子沒了，創意逐漸「平掉了」，就像一條曲線由高峰滑落谷底，邊際效用遞減，最後趨近於零。然而，我卻還是每年繼續調薪，這樣對公司及我個人真的是好事嗎？我想這個位置或許應該讓新血進來，換一個人比較好。

面對新舊工作，我們有許多面向可以考慮，包括新工作喜歡不喜歡？有沒有吸引力？但是有個重點，你對原公司的ＣＰ值夠不夠？如果不夠，你是否要尋找下一片天空。否則有天公司萬一狀況不好，他將先辭退你這種人。

你是我們一直等待的人

Google不愧是快速精準的網路公司，就連面試也展現了超高的效率，我在前一天搭機，傍晚美國落地，住一晚飯店，第二天早上進行面試，旋即趕赴機場飛返台灣。他們支付一晚旅館及機票費用，去程機票是商務艙，回程立刻變為經濟艙。

而面試的兩個鐘頭，三位主管輪流提問，他們對我友善禮遇，談得非常順利。事後回想，他們應該是打從一開始就決定這件人事案，只是形式上必須如此。事後我聽說，這個雲端機房的主管懸缺多時，他們已經找了快要兩年了，一直在等待最合適的人。

他們很看重我之前擔任國家電腦中心主任的資歷，畢竟全美國也不過只有四個國家級高速電腦中心，台灣也只有一個，他們自然了解這個資歷背後的價值。當初我離開台大，接下高速電腦中心主任這個沒有正式編制的「黑職務」，其實在私人層面對我的年資及退休福利有不少影響，如今卻成為一項利多因素，印證了「失之東隅，收之桑榆」的道理。

二〇一〇年我正式加入Google，擔任亞洲硬體營運總監（Director of Google's hardware operation in Asia）。確定轉職Google後，我本著對宏碁感激之心，特地向當初的知遇恩人施振榮先生道謝，我們一直維持很好的關係，後來我卸任官職，就擔任宏碁的獨立董事。

我在宏碁是副總VP，管理兩百人，但來到Google開始時卻只有二十幾個人，職銜也變成「Director」（一般譯為總監）。Google把全世界業務分區切成三塊：歐洲、美洲及亞洲，我所負責的便是整個亞洲（一直到澳洲）的雲端機房，占全世界的三分之一。之前有媒體炒作我的職銜，暗指我「膨風」，但是我的直屬老闆、全球資料中心營運主任維塔利．古達涅茲（Vitaly Gudanets，因為俄國名字不好念，我們都暱稱他叫「維大力先生」）。他即使掌管全世界機房，他的職銜也是「Director」，所以炒作這個真是很無聊的事。

只有溝通，沒有距離

從宏碁來到 Google，又是一個很大的生命跨度，Google 又幫我開了一片眼界。我首先感受到 Google 對人的尊重，因為每個人都是千挑百選的人才，第二是制度很有彈性，第三是組織很扁平化。

大家都知道 Google 的歷史，簡單提一下：一九九八年史丹佛大學理工博士班學生賽吉．布林（Sergey Brin）和賴瑞．佩吉（Larry Page）共同創立了 Google，即使之前已經有不少搜尋引擎公司，後起之秀的 Google 仍以其獨特卓越的演算法稱霸市場，樹立了搜尋引擎的新里程碑。

這樣一家尖端技術導向的網路服務公司，Google 創辦人和其他部門高階主管，固定在加州時間每個週五下午，透過網路直播，向全世界各地的員工傳達重要想法政策，或是討論大趨勢。

這個直播跨不同時區每個國家，台灣是週六凌晨。討論的議題包括到底 Google 要不要開發社群網路，或是為什麼要推 Google+、對社群網路的看法是什麼、對手機的發展策略為何、Google 如何回應某一項新產品等等，直播溝通的主題都是有關於公司發展或是新技術領域的大發現，員工可以按自己的需求、興趣上線實況聆聽。

布林、佩吉和高階主管的談話都非常有內容、深富啟發，你可以站在同樣的思考高度縱覽事情，尤其每次都有一段 Q&A 的時間，除了總部員工可以當場直接提問外，世界各地任何員工有問題都可以透過網路參與，比現在流行的網路直播還要早。總之，這些溝通的誠意及做法，讓員工感覺自己和創辦人之間沒有距離。

在 Google 你隨時可以在網路上跟你的高階主管講話，無形中組織便做到扁平化。這點對我影響很大，即使之後我在層級分明的政府單位，我也將自己的 Email 完全開放，任何人想要寫信給我都可以，而且可以直接跳過主管，副本也不必給主管。我一直秉持尊重部屬，認為讓同仁覺得溝通沒有障礙，願意跟你互動，才有機會改變部門的整體文化。我要讓人感覺到，他們跟部長或院長之間「就只有一個 Keyboard 的距離。」如果公部門都一起推動這種做法的話，公務員的整體管理文化就會改變，塑造出新的政府文化。

Email 這個工具其實攔不住，後來真正越級向我申訴的案例很少，但無形中讓我跟基層員工拉近，也讓有些隱藏的問題凸顯出來。這對中間主管其實是一種壓力，他們必須要適應。在內部管理上，我希望他們帶人要帶心，不要用高壓方式領導部屬，不要將同仁當成呆子，認為「照我的話做，你們什麼都不懂！」主管做任何決策，若基層不贊成而反彈，可以向他們解釋，著眼點為何？政策背後的考慮是什麼？或許無法百分之百揭露，但至少要溝通到一定程度，與部屬同心同德。

彈性尊重，用錢有度

Google 的員工強調責任制，統統全部不必打卡，即便輪值管控機房，也不必刷卡。管理相對寬鬆，但工作倫理及態度卻強調嚴謹。事情沒做完，就會自動留下工作。有時我們必須和跨時區的美國、歐洲分公司越洋開會，留到半夜也是常有的事，上班時間並不是僵死的打卡可以限制。

Google 雖然很賺錢，卻有強烈的「成本」意識，該用的錢，花得毫不吝嗇，員工福利好，中餐、晚餐多種美食餐廳免費吃到飽。此外，還有各式零食，無限自取。我們台灣員工吃飯也都可以報帳，每頓有補貼，中餐時間沒有限制，偶爾還會由龍潭跑去關西吃。我的辦公室就放很多牛肉乾，經常一邊啃，一邊敲鍵盤。

雖然照顧員工出手大方，但是遇到需要申請經費時，卻抓得很緊。比方我們做簡報、撰寫文件，想要申請安裝微軟 Office 系統時，電腦系統會自動跳出一個視窗問你：「你真的需要嗎？」我們雲端也有文件及簡報的軟體，雖不比微軟完備，但是綽綽有餘，而申請程序中會一直跳出一個視窗問你：「我們自己的工具不夠用嗎？」甚至會幽默地提醒一下：「你確定我們 Google 的錢要拿去資助邪惡的帝國嗎（微軟）？」

有一次，我們辦公室申請局部裝修，廠商送上來的報價美國總公司審查了老半天都沒有批下來，之後反問我們：「裝修真的要花那麼多錢嗎？」

他們對於應該花的錢、不應花的錢，原則清楚而執行嚴格。公司鼓勵員工上網路買機票，愈便宜愈好。如果你的機票低於公司的報銷標準，替公司省下的錢，一半就會撥給員工掛在自己的會計帳，下回若機票超過報銷標準，或想改搭商務艙，可以自掏腰包補足差額，或是用之前省下的錢支付。所以，買愈便宜的機票，省下的錢愈多，日後彈性靈活運用的空間就愈大。

所以，懂得精算的同事，會用公司的報銷標準，買到商務艙的好座位。有次，我請美國同事來台灣玩，結果我左等右等都沒有下文，問他們進度，沒想到他們居然買的是半年後的「早鳥票」，盤算用實惠的價值買到長程的商務艙，否則十多個小時的飛行，人高馬大的歐美人，擠在狹窄的經濟艙，實在很辛苦。

公司也鼓勵員工挑選優惠的飯店住宿，而省下的費用，一半屬於員工，可以自由運用。甚至可以住親朋好友家，為公司省錢，條件是你要用分得的錢，買個禮物送給屋主。以前有位同仁去愛爾蘭受訓一個月，那一個月若真要住旅館，是一筆很大的金額，經過詢問，他住進當地同事家，他們其實不熟，只在某次受訓會議打過照面。但他叨擾一個月之後，臨行之際，為主人家添購了四十七吋的大電視，這在當年是豪華的禮品。

總之，Google的公司文化非常尊重員工，不以懷疑員工圖利自己的角度，壓抑員工的自主性，而且設計各種管理制度加以落實這項精神。我學到一個功課：好的制度會誘導人變得有尊嚴又有創意，當你處處感到自己被尊重，就會鼓勵你盡可能的創新。

二〇%時間哲學，領悟「留白」的重要

很多人都問過我，本土企業與外商企業有什麼樣的差別？我的想法是，台灣產業與美國產業背後的邏輯有很大的不同。宏碁是製造電腦起家，原屬於硬體導向思維的公司。我在宏碁擔任副總，公司投資巨量的資金在打造雲端機房上，我自忖不能失敗，想以服務加值為公司多賺錢，因而業務壓力極大，假日常趕寫投標書，一度忙到甚至比後來當行政院長還辛苦。

Google則是另一番思維。他們抓到商業獲利模式的竅門之後，對員工福利

極好。布林和佩吉甚至在創辦人的信中提出：「二〇%時間哲學」。他們希望員工別把時間都投入在主要的工作計畫中，「鼓勵他們，挪出工作二〇%的時間發揮創造力，思索、研究什麼樣的計畫能為公司帶來利基。」

Google容許員工有二〇%時間愛做什麼就做什麼（但還是要主管同意），比方進修、內部創業、做自己喜歡的新題目等等，這些看似浪費生產力的留白時間，反而讓員工更有創造力和創新精神，同時塑造企業內部無形的成長動能與活力。

我覺悟到：公司的營運模式決定了公司的利潤，公司的利潤決定了公司的企業文化，企業文化又決定了員工的文化及工作型態。獲利好的企業，員工即使打拚於工作，仍保有自我實現的空間與發揮潛能的餘裕。因此，我在行政院長任內十分鼓勵年輕人創新，因為如果創造出別人沒有的新東西，企業若干時間後一定可以擁有很好的獲利機會。

Google 鼓勵員工挪出工作 20%的時間充實生活，發揮創造力，認為這些能量可以為公司未來創造利基。圖為張善政和 Google 的部屬一同參加漆彈活動。（右 3 為張善政）

帶著國際視野再啟程

我在 Google 工作不到兩年，自剖對 Google 貢獻沒有很多，扮演著一顆小小螺絲釘。Google 一直很鼓勵員工換部門歷練，只是一旦我要換部門，極有可能要調離台灣，我想到年邁的父親，日益失能、失智的母親等家庭因素，自然不願意追求一己的飛黃騰達。這些現實無形中框住我在 Google 的發展。

當初 Google 計畫在亞洲建造三個資料中心，在我任內，新加坡與香港已經動土了，兩個計畫都是 Google 派美國總工程師來規劃，但用當地的建商、土木人才，以符合當地法規。而位於台灣亞洲最大的彰濱資料中心[1]，我卻沒有留到動土那刻，是我在 Google 唯一的遺憾。

後來我要離開 Google 時，我的主管「維大力先生」神情失落地說：「你當初接這個位置，我就說是 overqualified，I know you are too smart for us!」或許他們覺得管理硬體的工作，有點大材小用，但我自己完全沒有這樣的感覺，反而感謝 Google 給我國際企業的視野，與網路新創公司的文化洗禮，此外，對員工的尊重、對制度保有彈性、對金錢使用上的計較與用心等等，這些都成為我珍貴的資產。

二〇一二年年初，有一件事完全叉開了我的生涯規劃，內裡滾動基因在「作祟」，不得不驅使我向 Google 揮手道別。中國早有智慧之語：「戶樞不損，流水不腐」，我期待的是快馬奔蹄，永不怠惰的人生。

注 1：Google 台灣資料中心是一座位於台灣彰化縣線西鄉彰濱工業區內的資料中心。第一階段總投資額達七．八億美元，聘僱超過兩百名員工的台灣資料中心是 Google 在亞洲地區最大的資料中心，已於二〇一三年十二月啟用。

張善政父親張同文所拍攝的台灣風景。

第四部

聚

人氣

意外的覺旅

第十四章

魄力

政治不歸路，只有戴著鋼盔向前衝

第一次換工作從台大辭職到高速電腦中心、宏碁、Google，再到行政院，這一路走來，我都沒有跟家人朋友太多諮商，太太事後知道講兩句就算了，如果想清楚是一百分，那時候我大概只想到五十分就決定了，我就是想 Try。在政府單位，我總想辦法把冷灶熱燒，戴著鋼盔往前衝。

心跳最強烈的一次

離開教職後，一路走過來，我換了很多次工作，從高速電腦中心、國科會處長，接著離開服務十年的公務體系，到民間企業歷練前後十二年。一路看下來，如果要在這裡面找一個壓力最大的決定，那就是離開 Google，接受入閣，擔任科技政務委員。

二〇一二年當時，接到陳冲院長電話徵詢，一開始我是婉拒的。那年我已經五十八歲，年紀不算輕了，自然會考慮到退休的問題，如果繼續留在 Google，所有薪水、股票等加總逾千萬年薪，而且我負責的新加坡等海外基礎都打起來了，工作也勝任愉快，而政務官頂多四年，做不好更可能半年就下台。

「To be or not to be?」林林總總諸多考慮，浮上心頭，躺在床上，輾轉反側睡去。隔天早上起床，我清醒許多，忍不住自問：「難道人生就這樣嗎？」「之前你不是對科技政策有『異』見，那機會來了，為什麼放棄？難道不試一試？」

或許是這點不甘心，我再度與陳冲院長通電話，緊接著與馬總統做最後確認時，那一刻抉擇的壓力，比之前任何一個決定點都大，「好，我接！」即使努力沉住氣做出承諾，但仍感覺自己心臟「—怦—怦—怦—」劇烈狂跳。過去換工作這麼多次，從未如此緊張。

換工作對很多人來說，可能都是左右為難的大事，一旦選擇下去，就是一段職涯，不能隨便反悔。但我換工作沒有把四面八方因素都攤開仔細盤算，尤其沒有跟家人商量。說到底，其實我根本沒有跟任何人商量，也有可能是我禁不起問。如果想清楚是一百分，那時候我大概只想到五十分就決定了，剩下的一半，就是憑感覺、依照心裡的衝動，我就是想 Try！

歷練跨部會溝通

那麼事後，若要回頭仔細思量，我入閣的遠因其實也鋪陳很久了，尤其打從高速電腦中心開始，不論在政府或在民間，我一直注意科技政委的各項決策，因為他們對科技產業決策的影響非常之大，有機會擔任科技政委對我意義重大。

當時，馬總統已經第二任了，執政壓力不言可喻。世界科技快速發展，台灣產業卻處於轉型困境之中。記得有一天，前中央銀行總裁彭淮南，突然來找我，他憂心忡忡地說：「台灣科技產業出了很多問題，你要想想辦法。」他觀察台灣的進出口數字掉很兇，主要原因在於宏達電的業績一直下滑，連帶影響台灣出口數字，他希望科技政委能夠想想辦法，讓宏達電止跌回升。

我很訝異，堂堂央行總裁向我提點科技產業的問題，但是老實說，站在政府立場，可以關切整個產業，但很難去「救」個別某家廠商，而且政府等事情惡化才介入，實則為時已晚。但這個訊息，的確顯示台灣當年開始面臨的產業困境。

之前，我離開公部門到民間企業，就是不喜歡公務員的保守僵固心態，對於電腦網路應用開創性不足。沒想到十年後再回到政府服務，狀況居然沒有太大改善，教我心急不已。但以前我還只是小小的企劃處處長，影響力有限，現在擔任科技政委發揮空間比較大，也符合我創新、求變的個性。

政委是行政院院長重要的幕僚，沒有自己專屬的部會，相當於其他國家的「不管部部長」或「無任所大臣」，主要負責跨部會協調、橫向聯繫，以及特定議題任務的推動，官階與各部會首長同級，為行政院會議的當然成員。

早年很多政委都先擔任部長，因此在輩份、資歷、權威上都很有分量，可以指導大方向，協調不同部會彼此的衝突，如德高望重的李國鼎先生。而我一開始擔任政委，有人覺得你又沒有當過部長，憑什麼協調部會？因此我不能倚靠過去的資歷及權威，只能拿出專業、配合度以及誠意，加上身邊很多優秀的幕僚，大家有志一同推動政策。

一直以來，科技政委身肩「資通訊發展」及「生技醫療」兩大主軸，也專責協調「衛福部」「國科會」等幾個部會。我接任後，資通訊發展聚焦在雲端計畫、開放資料、大數據、資訊安全等方面；至於生技醫療方面，過去我較少接觸，只能在任內盡量苦學，向相關專家請益、學習。他們一開始心底也對我打問號：「這個你會嗎？」接著又想：「這些你學得起來嗎？」第一關我當然沒通過，但第二關應該可算是及格了。學習是我的強項，這兩年我受邀進行愈來愈多「生技醫療」方面的演講，就是這時候奠下的基礎。

擔任「科技政委」這兩年，我歷練了跨部會的溝通能力，不管是與經濟部、衛福部業務溝通，或是和部屬的互動，都很愉快。同時盡可能協調立法院共同推動生技醫療進展，檢討法規的適用性，必要時鬆綁或訂定新法案，那時大約有二十幾項法規需要調整，在立法院王金平院長及各委員的支持下，直到我之後卸任院長時，已陸續修訂了三分之二，我想這些均有助於突破生技發展的瓶頸。

接下第一任科技部部長

二〇一四年三月，「國科會」由委員會升格成為「科技部」，成為我國推動有關科學技術發展的最高主管機關。負責推動國家科技發展、支援學術研究、發展科學工業園區、管理行政院國家科學技術發展基金，以及技術審查各部會科技計畫。

當時的行政院長江宜樺協調我出任首任科技部部長時，其實我也有所推辭。因為部會涉及編列預算，必須到立法院面對質詢，而且還要肩負上千人行政人事管理的重責。這些原非我的專長，有點被逼著學習管理，最後竟也勝任愉快。

「科技政委」與「國科會主委」都管科技，不少政務重心或議題有很大的重疊性，因而歷任不少政委與主委都有不和的傳言。但就我體會，兩者最大的矛盾源於幾百億、甚至高達千億的科技預算如何分配？又由誰來主導？

這筆錢原屬於「行政院科技發展基金」，理論上歸屬於行政院，並由科技政委代表行政院來分配，國科會（現今的科技部）只是「管理」單位。若是由國科會或科技部分配，由於自身也是部會，之後亦需使用這筆預算，就有球員兼裁判、自己編預算給自己的問題，其他部會未必會服氣。若由科技政委來分配，他是中立協調的角色，本身沒有太大的預算需求，利益迴避了，也就沒有球員兼裁判的問題。但萬事都歸於錢，經費分配權力誰不想要？也因此，長久以來，科技政委與國科會主委之間素有不合的傳言。

但是我擔任科技部長時，與當時的科技政委蔣丙煌，卻配合得很好，他的專長在食品科學，我因為有科技背景、民間經歷，也提供他很多科技方面必要的協助，維持少有的、既堅守專業，又兼顧到「人和」的局面。

然而，科技部畢竟為眾多部會之一，不同於之前超然的國科會或科技政委，可以跨部會指揮、協調各部會，於是我思考：新成立的科技部跟先前的國科會可以有什麼不同？

長久以來，國科會挹注大量的經費給學術界推動研究，但是學術界和產業界一直存在著巨大的「學用落差」，要縮小差距並不容易。大學像是一個理想的象牙塔，必須保有探索真理的純粹與超然，不受現實利害干預。這樣固然維持研究的獨立自主，可是也讓很多研究過於不切實際，論文發表後便束之高閣，對產業界沒有什麼貢獻。有的教授素來不與業界往來，或根本不知道自己的研究題目其實具有產業價值，甚至只想專注研究，懶得花時間與業界溝通。

這點招致很多批評，教授與學生投入這麼大量的時間、精力與資源，最後產出的產業或社會效果有限，實在可惜；但弔詭的是，如果研究一味追逐利益，致力於能生財的計畫，這樣研究也很難有重大發現，得到長遠的突破。

因此，如何讓學院研究與商業開發找到最有利的支點，槓桿出最大的效益，考驗著我們拿捏的智慧。特別是技術轉移是一大難題：先要確認哪些研究成果具有商業利益？這些收入能不能真正回饋給研究單位，得到實質的鼓勵？

接第一任科技部長，我給自己設定一項基本任務：突破過去學術界的積習，要把科技研究的成果，落實在產業界。

其實，原本國科會之前即有類似「產學合作」的計畫，業者對於某些學者的研究計畫，審核將來有實用潛能，即可出資研究總花費的一〇%，為其背書。這方法出發點原本不錯，但很多業者最後礙於與教授的情面而贊助，或贊助方式流於形式，效果有限。

先前國科會每年支持學校各項計畫多達兩萬項以上，橫跨人文、社會、醫學、自然、工程等不同領域。我們嘗試先從中挑選之前三年內、比較具體的資訊電子領域計畫，將範圍縮小到約八千項左右，再撥出經費，交由工研院過濾這八千項計畫，從中篩選出與產業界應用相關的面向，優化其價值。在我大約九個月的部長任期內，真的找出了其中許多項可以申請專利的超優質研究。

第一輪工研院就過濾出兩百個專利候選項目，很多教授不知道自己的研究具有專利的價值，或是不知專利怎麼申請，又或是不屑申請專利的繁瑣流程等等，工研院還去學校舉辦多場專利申請的說明會，協助這些教授如何申請專利，甚至教他們開公司。

其中一項最顯著的是，中山大學電機系洪子聖教授耗費六年的研究成果。他透過波的研究，研發出可攜式雷達。這項發明可在無需實體接觸之下，準確偵測動物在自然活動下的心跳、脈搏及呼吸等生理狀況，及早發現患病或異常，避免病畜之乳品或肉品流入市面。因為不必接觸肌膚，解決動物不易受控制、生理訊號微弱等難題，打造出「高產值畜養管理」。這項尖端發明令美國酪農系統設備開發商讚嘆驚艷，雙方簽約授權金額高達兩百萬美元，同時每年可以收取全球銷售額的三％衍生利益金，打破了電子資通領域國內紀錄，成為該領域最大技術移轉案。

另一方面，據統計，全球有超過二．五億頭乳牛，這項技術擁有國內外專利保護，估計這項技術將有強烈的市場需求，屆時將可帶動國內下游雷達零組件製造的代工商機。

而台灣廠商也取得技術授權，與日本業者技術合作，將之運用於老人照護，可以全天、遠距、即時監測，無疑地這對長期臥床或行動不便的病患是一大福音，正崴董事長郭台強等人也看好其前景，投資約一億新台幣。

如果只是教授默默做，很可能就被埋沒掉了，如今卻因技轉而創造更多商機。這是我在科技部長任內最顯著的成功案例。

從科技跳到政治，純屬意外

二〇一四年十一月底，國民黨九合一選舉大敗，江宜樺院長請辭，由副手毛治國接任閣揆。當時毛治國副院長即將接任閣揆，公布消息的前一天晚上，他打電話給我，我還向他恭禧，沒想到他馬上要我接下副院長。我措手不及，有點傻晃遲疑考慮著，但毛院長說：「你不答應的話，馬總統馬上就給你電話。」果真電話掛上沒有多久，馬總統就打電話來，叫我接副院長，其實狀況很緊迫，並沒有時間多做考慮。

整個內閣在士氣低靡中改組，轉任行政院副院長時，當時馬前總統已經走入任期第六年，壓力與日俱增，報紙說，我是內閣改組唯一的「亮點」。從科技政委到科技部至少還是科技導向，一下子換到行政院副院長，視野完全不同，走上從政之路，說實話完全是意外。

事後我了解找我的原因，是因為國民黨黨內將部分敗選原因歸咎於「婉君」（網軍），而執政團隊和年輕人一直out of touch，其中最重要的網路一直以來都沒有好好掌握。敗選之後，新團隊希望找對網路熟悉的人，使執政團隊能讓網路科技更上手。

毛院長上任後，強力要求全體閣員「換腦袋」，加強與網路族群的溝通，並考慮結合民間力量推動嶄新的網路平台，協助政府與網民溝通的困境。

政治是一條不歸路。接下來是國民黨艱困的一年，我內心認定，如果二〇一六年五月十九日是我工作的最後一天，在這之前，我都賣給你了啦，叫我做什麼，我都盡全力做就是了，放手一搏！

連備胎都沒有資格

而最令我沒有想到的是，一年四個月之後，我居然會接行政院長。二〇一六年一月十六日，總統與立委選舉後，執政黨敗選，馬總統拋出多數黨組閣的想法，在政黨輪替後的空窗期將提前釋出組閣權，除國防、外交等元首職權，其餘內閣任命權將交由大選後的國會多數黨來組閣。總統原本期待，民進黨挾豐沛的民意，以多數黨的身分盡快主政，樹立一個符合民意權力移轉的良好範例。

毛院長隨即率領內閣總辭，這個空窗期，由我暫時代理院長，等小英總統回應。因為只是「暫代」，我當時的心情也傾向塵埃落定，逐漸「settle down」，當時我的辦公室主任說，要不要利用這個空檔留下一些從政紀錄？我想可以好好整理自己，於是安排了知名作家和編輯見面，準備討論出書的計畫，完全沒有意識到之後濤天巨浪的變化！

沒想到，毛院長辭意甚堅，請假後就不再回來了。另一頭，馬總統在這期間一直試著與蔡總統溝通提前「多數黨組閣」的可能。顯然他把賭注全部壓在新政府團隊上，並沒有想到任何備胎。沒想到左等右等，發現新政府根本沒有提前組閣的打算。

而我想就算蔡總統不接受提前組閣，馬總統也應該去內閣裡面找一個更有能力、有威望的人，譬如前央行總裁彭淮南，他早已多次被點名接任院長，甚至參選副總統。如果硬要挑備胎，這麼多人裡面，再不濟也輪不到我。

我記得很清楚，馬總統直到最後仍在努力溝通，做了最後的一次嘗試，還是聯絡不上蔡英文。情勢上蔡總統並不想提前組閣，因此對我說：「我們要等她等到什麼時候？」最後「多數黨組閣」宣告破局，為避免政府長期空轉，馬總統就說：「那麼張善政，還是你接吧。」

那個時間點已經非常之緊，只有我這個不算是備胎的備胎，我也完全沒有時間考慮，就這樣宣布了。我受命於二月一日起接任行政院長。那心情從原本準備卸任沉澱自己的角色，忽然站上第一線，扛下院長的職責，開始我這個政治素人的奇幻之旅。

接任院長之後，我也把整個人賣給國家，做到最後一分鐘，出到最後一分力量為止。我對自己承諾五二〇交接前繼續堅守崗位，絕不迴避持續推動重要政策。

我想到有人說：「政治是一條不歸路。」我想責任在身，我也樂於戴著鋼盔向前衝！

第十五章

開放

「死」資料變成「活」知識

我以科技政委身分，兼任「行政院資訊長」一職，負責統籌整合推動台灣資通訊發展。二〇一二年年底啟動「開放資料」計畫，資料本身其實都是死的，能夠在共同的平台上有效整合，應用這些資料，才能把「死的」資料變成「活的」。幾年的努力，使得二〇一五年台灣整體的開放數據量和政府透明度被評選為全球第一。

擔任科技政委不久，我受命兼任「行政院資訊長」（CIO）一職，對我而言，這也是最合邏輯的安排。資訊長主要負責推動「資訊」及「資安」兩大塊，前者在於帶動資訊深度的應用與政策推動的角色；後者在帶領政府因應網路威脅，確保台灣資訊安全。

「行政院資訊長」這個職位一直跟著我歷練，從科技政委、科技部長、再到行政院副院長，整整長達四年，可說是貫穿我從政生涯為期最久的一項職務。

不用自己有限的視野限制創意

接任資訊長後，我將重點聚焦在雲端計畫、開放資料、大數據、資訊安全等方面。不久前，我曾在一次「大數據應用」的演講中，這樣定義「開放資料」（Open Data）的概念：藉由大量的可取得資料，匯集成資訊；資訊經過不同領域的專業分析與提煉，轉化成知識；而知識運用得當，便能創造推動進步的力量。

在這個大數據時代，充分定義了「data 就是 Power」的觀點。Data 一開始是死的、個別的，孤立來看，看不出太多意義，只有當它匯集成海量的大數據，進一步經過適當推想、因果連結才能成為初具雛形的 Information。這些資訊經過學理嚴謹的分析、詮釋與組織，整合成為知識，掌握了知識，才能進一步加以運用，解決問題，產生巨大的力量。

舉例來說，有學者研究指出：「肺癌連續多年蟬聯國人癌症死因第一位，肺腺癌隱然有成為新國病之勢。」那麼進一步追查，病人分布在哪些地域？家族有無基因？病人有無吸菸史？有無暴露於二手菸？哪些地區空汙嚴重？懸浮微粒（PM2.5）對健康又有何影響？這些數據經過長時間的蒐集、查證、標定成因，構成證據充足的定論（知識），之後拿出政策對症下藥，或救治病患，或防範更多人罹癌（產生現實性的力量）。

說來像是「涓滴成河」的概念，這也是「開放資料」如此重要的原因。一個民主的國家，其實最直接簡單的指標是政府愈透明，人民愈隱蔽最好；政府愈公開透明，有助於人民監督，同時贏得信賴；而人民愈隱蔽則在於保障人民基本個資及隱私，讓人民免於被侵犯的恐懼。

毛院長在任時，我規劃建議推動「毛式三箭」：期望利用開放資料、大數據（big data）與群眾外包（crowd-sourcing）協助政府運用網路與新科技，創造有感施政。這些對於行政院資訊長的我，責無旁貸，尤其自我擔任副院長後，更可以感受到那股從上而下的推動力道，開放資料一改過去保守作風，更加大有進展，各部會開放資料的原則轉變為「預設為開放，不開放才是例外」。

如果政府部會裡某一機關，決定不公開某項資訊時，必須報到行政院，我們再開第二次審查會議，請他們解釋為什麼不能開放？有什麼特殊考量？這樣做的結果，部會層級「不同意」把資料開放走的路反而很長，「同意」反而最簡單省事，同時逼著政府官員換腦袋，開放愈多，愈不能隱藏汙垢或問題。我要求各部會對於各項資料要「不問目的」盡量蒐集，因為等需要再來蒐集，就來不及了。

開放資料推動的成功與否，必須靠外部社群共同努力，過去我們與「G0V零時政府」、裡應外合，一同推動開放資料，所以開放步調就變很快。民間諮詢委員會可以提出使用者回饋，包括政府公開的資料是不是夠深入、符合需求？界面或格式是否親民好用？提供進一步修改的參考。雖然政府與民間分屬不同團體，但是兩方目標一致，況且政府的開放資料，必須有人使用才能發揮最大綜效。

我曾遇到一個搞電腦的年輕人，綽號「whisky」，雖然看來是個有點不修邊幅宅男樣貌，但這個名號在開放資料界可是響噹噹的，他是在法國念書長大的小留學生，巴黎第五大學醫學院肄業，一頭栽進電腦網路世界後，便放棄醫學專業，回台灣後發起 Open Data.TW 組織，我曾邀他對總統府及政府首長講授 Open Data 的運用觀念，很受好評。

他立志以開放資料的力量來推動及改善社會，有次他建議將台北市所有路樹資料開放出來，我心裡納悶，為什麼要開放這些行道樹？以為他要在樹幹上綁牌子，教小朋友認識植物名字，要求中央政府管到這麼細，是不是在找麻煩？

起初，我覺得這個資料需求度不高，開放度並不很優先。但經過了解，原來他要調查各區路樹在不同季節會開什麼花，這些資料對體質敏感的市民別具意義，市民因為有這項知識，可以選擇避開某些路段，不致引發過敏反應。這也是 whisky 以醫學院背景對資料運用想到的創意與價值，可說彌足珍貴。

對於他這麼先進的想法，我事後覺得慚愧。以此為借鏡，提醒政府同仁，民眾來講要開放什麼資料，不要問為什麼，也不必以自己的看法預先論斷價值，開放就對了，因為我們不一定有他們的能耐看到開放資料的用途和效果，「不要用自己有限的視野，去解讀開放某些資料的價值和意義，而限制了別人的創意。」

緣於觀察到美國政府透過 Challenge.gov 網站，徵集民間好點子，推動「群眾外包」，我們政府也推出類似的「公共政策網路參與平台」，任何人對政府有法規鬆綁的建議，可以到網路專頁加以陳述、貼文，一定期限內如果獲得一定人數連署，政府就要出來面對「踹共」。

我印象最深的是，有一位年輕人，他母親得了癌症，治療多年，已經用盡現存所有藥物，都不見效果，最後一線希望只剩下還在開發階段的「實驗性藥物」。但他母親等不到好幾年之後藥物完全通過人體實驗，核可通過，生命就面臨倒數，因此他發起連署，要求衛福部針對這項實驗性藥物以專案申請方式，有限度選擇性開放。最後這位女士真的用了實驗性的新藥，做為治療的選項。站在家屬立場，不論成敗，這些嘗試至少可以減少子女心中的遺憾。

此外，還有民眾關心的民生議題，例如奶粉、牛奶、電價等等，都考慮做到更便民的資訊流通，讓民眾不擔心瘦肉精的「國產牛肉追溯資訊系統」，或者是便利山地原住民跨院所做到電子病歷交換「山地離島雲端健康照護」體系，這些都是政府開放資料的例證。

雲端科技協助防災

政府開放資料之後，全球知名的Google也成為我們的應用客戶之一。二〇一三年七月，台灣與Google共同打造「Google台灣災害應變資訊平台」就是一個經典的示範。這個平台連接了氣象局、水土保持局、水利署、公路總局以及國家災害防救科技中心等單位的「開放資料」彙整而成。由我們提供詳實的資料，Google提供卓越的技術整合力以及強大的平台，同時採用全球CAP（Common Alerting Protocol）共通示警協議，經由Google搜尋、地圖，讓所有民眾透過手機可以第一手掌握颱風、豪大雨、土石流、河川水位警戒等災況即時資訊，且每分每秒不斷更新。台灣也成為繼日本之後，亞洲第二個推出此平台的國家。

Google 之所以推出這個災害應變平台，是因為在此前一年，美國因珊迪（Sandy）颶風肆虐，四公尺暴潮倒灌，使得大紐約地區災情慘重，華爾街甚至百餘年來首次連續休市兩天，造成至少十四人死亡、五十餘棟房舍燒毀，近六百二十萬戶無電可用。痛定思痛，Google 據此打造了美國的災害應變資訊平台，藉助強大的網路力量，在 Google Map 標出災情、避難所位置、防救災人員布署等資訊。

有了美國的經驗，Google 將這項服務推向亞洲，造福台灣民眾，只要有災害來臨，Google 就會透過網路發出警告，同時整合 Google Map、Google Now，以卡片式即時資訊顯示特定地區的災害資訊。

除了防災以外，二〇一六年台南發生大地震之際，我已是行政院院長，我知道內政部地質調查所早已掌握了全台土壤液化的資料，但因擔心民間恐慌、建商反彈，遲遲不敢開放。但我認為人命關天，不開放不行。於是趁著民氣可用，一舉公布中央地質所的「土壤液化潛勢區」查詢平台，甚至親自撰寫民眾 Q＆A

貼文。即使房地產開發商可能不高興，但我知道人民生命財產安全遠大於我個人挨罵。事實證明，開放之後民眾的評價還是正面多於負面。

也是同一年，內政部消防署推出結合「災情報報」與「疏散收容」系統功能的防災雲，提供全台民眾於災難時以網路通報災情，緩解119電話通報量。加上「災區親友現況查詢」系統，萬一災難發生時，可在這個平台獲得親友現況，讓大家安心。其實，現在行動通訊如此便捷，人手一機，但凡遇到大事災難，民眾第一時間已經不傾向打119通報，反而趕緊上FB或IG寫貼文、發短訊，這些反而是最新、分布最綿密的災害報導，所以政府已經不能被動等民眾通報，而是要能夠主動上網去蒐集最新的災情，政府只要以專業角度迅速整合各地災情，採取應變措施。這些都是運用科技造福民眾的例子。可惜，蔡英文政府上台後，這個平台似乎沒有繼續維持及運作了。

政府透明度排名世界第一

二〇一二年十月我們開始推動開放資料，一開始政府開放資料只有四千多筆，而且很多資料要不到，例如消保處等單位，雖定期公布最新查價結果，但是ＰＤＦ檔點進去，字體小到根本看不見，完全沒有用。

我早預感公部門對開放資料的抗拒，因此採用循序漸進的方式，要求每一部會先開放至少五樣資料，讓部會從不排斥到漸漸習慣，逐步開放。我要求到二〇一三年底，至少要開放五十種資料。同時搭配民間團體的需求，以舉辦開放資料競賽等方式來推動，讓公務部門體認到開放資料是未來不變的趨勢。

於是逐漸地，政府開放資料從二〇一四年底三千三百多項，持續攀升到二〇一六年五月的一萬七千餘項，根據英國開放知識基金會（ＯＫＮＦ）評比，我們在政府透明度上的世界排名，也從二〇一三年的全球第三十六名，一舉進步到二〇一五年的第一名。

現今民進黨政府不斷迴避敏感議題，如空汙及電量的真正數據，不是不敢公開，就是努力隱藏、硬掰。偏偏當今網路與行動科技時代，政府不再是唯一資料的來源，如果政府不開放，民間自發蒐集資料將大行其道，比如近期媒體報導，民間的「空氣盒子」就比公部門監測 PM2.5 空汙的點更密集、更靈活。不少排汙嫌疑深重的工廠，其監測數據竟憑空消失或直接判定無效，環保署即使得到美化加工的數據，坦誠的天空照樣灰濛濛，熱心民眾的肺依舊髒兮兮。長此以往，政府將喪失公信力，講什麼都沒有人再相信了，這才是對國家最大的傷害。

推動政府數位化

然而，身為資訊長，我必須坦承政府數位化推動過程並不是全然順利，面臨了公務體系心態、額外人力經費的負擔、授權和個資等等各種障礙。

記得五年前，戶政新系統上路造成電腦當機，跨縣市申請案件全停擺，資料一上傳就當機，結果原本半小時可以辦好結婚登記的小事，居然花了半天才完成，民眾辦理業務平均得等候一到兩小時，民怨四起。究其原因，是戶政司將新系統委外開發，包商沒有先行做好測試，直接拿到正式營運的系統線上運作測試，自然冒出原本沒有估算到的問題，造成當機。

另一次，內政部地政司推出了房地產實價登錄系統，原本大家滿懷期待，房地產價格終於透明化了，但是當天凌晨十二點上線，因為一時間太多人上線撈資料，開放不到兩個小時就宣告死當了。

此外，大家詬病多年的台鐵第三代NEC購票系統，我盯這個問題很久了，自己每次到花蓮都守在電腦前搶票，也不見得搶得到。我擔任行政院副院長時，以「資訊長」身分請台鐵來報告，他們說台鐵已經準備開發第四代票務系統，預計花三年，發包經費達到十億，我大感驚訝，一個票務系統竟然要花到十億？我預感這個系統會出問題，但不久因為選舉，政黨輪替而卸任，沒有繼續跟催協助。

現在看來，這個系統根本沒有高層的資訊長專責來盯，新系統已經成為一個爛攤子，上路更是遙遙無期，而且現在我們連國家的資訊長是誰都不清楚。

依過去經驗，數位政府第一要務在於解決既有問題、優化系統、除去沉痾，讓系統運作順暢便民，就已經阿彌陀佛了。

二〇一四年元旦實施國道計程新系統，當天遠通電收的 eTag 系統就當機。一開始遠通宣稱在三．五小時遭到八十二億次的駭客攻擊，我乍聽之下，初步研判國家級系統被攻擊是等級最嚴重的資安問題，這屬於非常嚴重的第三級攻擊，立即指派行政院資安小組進駐遠通調查。

最後卻發現，那次當機並非駭客攻擊，而是遠通系統設計不周，導致瞬間一秒收到六十萬次的連網需求，其系統負荷不了而死當。遠通可能想蓄意矇騙，擺脫責任，沒想到我卻為遠通揹了黑鍋。有此經驗，之後我責成交通部針對 ETC、高鐵售票系統兩大 BOT，都要比照台鐵購票系統、監理系統、戶政系統等國家第一級重大資訊系統，統一監管，絕對不能隨便當機。

由此可知，「數位政府」看似口號般簡單，但真正落實一點都不容易。然而，這些都是靜水深流的基礎工程，只能默默努力推動。五年前，我們推動「第三代監理系統」更新，這是攸關大眾行車資料的監理資訊系統，第二代的舊系統早已經運作了二十年，面臨主機老舊無零件可換、維運契約簽訂困難、縱然買新設備也無法安裝舊系統、系統年序採六位編碼無法過度百年、外掛系統高達二十九個等盤根錯節的大問題，長此以往，系統一定有一天會掛點，屆時查詢罰單繳交、買賣過戶、驗車等等，都會死當。

還好我們及早防範未然，有了政府支持，加上公路總局資訊室主任陳守強團隊的日夜努力，終於讓「第三代監理系統」順利上線。這是少有的成功案例。

擔任行政院長後期，我也決定開放 Apple Pay 進入台灣，原本金管會擔心 Apple Pay 進來之後產生的問題，我要求金管會將此案上報到行政院，由我面對不同利益團體的壓力，規劃配套措施之後，做出開放決策，總算讓台灣邁向行動支付第一步。

資安就是國安

除了推動政府開放資料及數位化之外，資訊長更有一項艱鉅的任務，那就是防衛國家資訊安全（cyber security）。

二〇一八年年底，台北市衛生局才爆出該局多達七十多個資訊系統遭駭，包括「台北市健康雲」「傳染病防治管理系統」「失智症個案管理系統」「精神病患管理系統」「老人健檢系統」等敏感系統，且竊得台北市民個資近三百萬餘筆，得手後在國外某論壇兜售。調查局指出，駭客首先鎖定資安防護較差的中、小企業網站，利用網站漏洞，植入名稱為「一句話木馬」的網頁型後門，滲透成功後，再建立具有管理員權限的帳號，得以遠端進行監控，使其成為跳板，對衛生局資訊系統進行攻擊。

過去我在安碁服務時，就有與駭客交手的經驗，逐漸摸索出對應之道，如今身為國家級的資訊長，我更加體會「資安即國安，資訊安全即是國防安全」的重要。

二〇一四年到一五年，美國網路安全公司「火眼」公布資料指出，台灣是亞太地區遭駭客入侵最嚴重的國家，按當時統計，台灣平均每年發生三百多件，達到嚴重等級的資安通報事件（其實其前後在網路上的試探恐怕上億次），經過我們追查，某些攻擊手法甚至是全球首見，中國大陸網軍（有些網址更屬於中共人民解放軍）確實以台灣做為其最先進駭客攻擊試驗場，目的在竊取情資資料，甚至同時入侵那些與兩岸事務等機敏業務無關的單位，做為入侵美國系統的中繼跳板。

但我們不可能容許中國駭客把台灣當攻擊試驗場，美方每兩年舉辦一次「網路風暴」這類網路攻防演習。我方也希望能加入，共同防範駭客偷竊軍事及工業情報。

我也同時推出「資安政策2.0」，結合資安軟、硬體部署，在部會既有的安全監控上，疊加第二線資安監控中心（Security Operation Center，SOC），落實即時流量監控，以補第一線可能的漏失，希望能做到滴水不漏的境界。

我也鼓勵業界能贊助支持學校師生使用業界開發所費不貲的工具側錄真實流量，培養更多台灣網路攻防人才，並以台灣駭客隊伍HITCON為例，希望能培育更多資安人才出國比賽。

長久以來，政府各部門不只資安員額不足，很多時候必須尋找民間高手，聘僱約聘人員，造成資訊部門有心做事，卻缺乏人力的困境。而政府購買資安防禦工作，往往用「最低標」來選商，逼著資訊業者之間只能低價競爭，到後來甚至活不下去，更遑顧服務品質了。

我也在兩年科技政委任內，結合主管政府採購的公共工程委員會，聯手改善政府資訊服務的採購流程，政府對於委外的資訊廠商應進行「A、B、C能力分級」，而且不能再以「最低標」為招標條件，尤其資安上應以品質標為優先。我在行政院服務後，以資訊長的身分，要求主計總處每年編列預算，最後應立法院要求統刪各部會的預算時，將資訊部門排除在外，以確保資訊部門有足夠的經費運作下去，同時鼓勵公務人員在招標軟體與服務時，以「最有利標」進行，改變積習，讓品質的堅持，變成公務人員習以為常的文化與風氣。

在企業中，設立資訊長或技術長已經是一種常態，而國家資訊政策制定者，在資訊決策和資訊組織等，必須有人專責負責。在蔡英文內閣中，科技政委偏重能源領域，並不熟悉資通訊領域，無法在資通訊方面產生實質作用。雖然設置了有史以來第一位「數位政委」，但是他主要負責數位法規調適和開放政府，著眼點在協調，並沒有實權，也無行政資源，無法真的落實資訊長的功能。

我認為，數位政委的工作遠超過這兩項，應該要在更高層次組織架構下，肩負起政府資訊長的責任。政府中必須要有人扛起實質的資訊長責任，而不是有個兼職的名義而已，要不斷努力協助解決政府資訊部門沉痾已久的問題，並率領政府各級資訊組織，提升團隊士氣，成為打造數位政府更大的戰力。

第十六章

同理心

雲豹裝甲車上看不到的眼淚

在政府工作，我喜歡親臨沒有折衝、迴旋空間的第一線，直接承受民眾的反彈。感同身受，但不要喪失理智。因為只有走下雲豹戰車，才能看到人民甘苦的眼淚。到底勘災的目的是什麼？旁觀他人的痛苦，或是對他人的不幸真切地感同身受，這真是身為為政者一大考驗。

二〇一八年八月，中南部淹大水，我們看到蔡總統搭雲豹裝甲車到嘉義勘災，在嘉義布袋遭災民嗆聲：「總統下來走走看！」「落來行，汝就知影啊（台語）！」途中還有災民拉起封鎖線，怒嗆：「再開進來就把我輾過去。」甚至不讓裝甲車前進。

總統親自到災區巡視，為什麼民眾會如此不滿？這是因為他們已經泡在黃濁泥水裡這麼多天了，只希望為政者能懂他們的痛，但諷刺的是，他們抬頭看到的卻是蔡總統搭乘裝甲車「高高在上」，完全感受不到同理心。

他們的訊息很清楚：「走下來！」才能「體會」。

不要旁觀他人的痛苦

其實，幕僚常會建議官員：「不要輕易跑到第一線，以免面對沒有折衝、迴旋的空間。」或是當面允諾的事情，之後卻做不到，一定會被罵「白賊」；更糟的像馬總統被憤怒民眾「獻鞋」（丟鞋子）、小英總統被當面嗆聲。不論是心情受

張善政視察水災時，總會親自涉水，
體會淹水地區災民的感受。

到衝擊，甚或身體上受到傷害，總是幕僚或隨扈的職責。

但是，如果為了保護官員，一味地用拒馬、鐵絲網、盾牌鐵棍遠遠封鎖，隔離抗議民眾，或不分青紅皂白架開，這又顯出權力的傲慢，也拉大與民眾的距離。

我在行政院期間，遇到令人措手不及的各式災難，從禽流感、復興航空墜河、登革熱、八仙塵爆、霸王寒流、二〇一六台南大地震、流感、腸病毒、空勤總隊直升機失事等等，尤其副院長一向是政府救災的總指揮，我的從政生涯簡直成了「勘災總隊長」，一路走來的心路歷程，真不可以為外人道也。

日後我不斷思考：「到底勘災的目的是什麼？旁觀他人的痛苦？或是對他人的不幸真切地感同身受？」這真是身為為政者的一大考驗。

直面第一線

二〇一六年二月六日凌晨，高雄美濃地區發生六．六級極淺層強震，台南維冠大樓倒塌，造成一百一十五人死亡，成為有史以來單一建築物罹難人數最多的災難。

那時我接任院長才六天，午夜時分，我接到電話，心裡一沉，從早上五點多開始，我和馬總統便到中央災害應變中心聽取會報，七點到台南災區和醫院視察狀況，快中午又飛回台北指揮救災工作，盡量避免給救災人員帶來不便，全力協助台南市長賴清德，同時致贈加菜金給搜救弟兄、國軍弟兄和志工，讓搜救工作更順利，將救難工作做到最後一秒鐘。有媒體形容：「這是台灣政壇多年來難得一見的藍綠和解與中央地方合作典範。」

其實，第一時間地方政府及救難隊早已將傷者送醫，災變現場附近店家放棄做生意，將道路、騎樓空間騰出救災，慈濟利用這些空間，搭上帳篷，協助救援。當地的觀光飯店、民宿，也都自動騰出房間安頓受災戶。我在現場，能做的實在不多，看到一位老婦人因為兒孫媳婦還在受困，泣不成聲，只有趕緊拿衛生紙替婦人拭淚，勸她顧好自己，不要再難過。當我在新樓醫院、收容所等地慰問罹難者家屬，頒贈慰問金時，聽到災民說：「寧可不要慰問金，也希望家人回來……」聽完，我心都快碎了。

我認為在面對緊要時刻，身為政府官員本來就沒有所謂的「折衝、迴旋空間」，你不能有所保留，要親身走到第一線，直面問題，傾聽民意，迅速回應人民切身的需求。

好比二〇一六年一月台灣受到霸王寒流強襲，六十多人凍死，西南沿海地區養殖場魚群大量暴斃，全台農林漁牧業損失約三十五億台幣。

當時是我代理行政院長的第二天，就迅急南下台南七股勘災。我看到偌大的魚塭，浮滿密密麻麻腫脹的虱目魚。站在池邊，不由得心情也沉重起來。我雖然不是全職農民，但也曾遇到辛苦整地耕種的果園，被颱風一夕間吹垮，體嘗過那種滿目瘡痍、一無所有的感受。看到魚塭底部已抽乾池水，我便「—咻—」地往下跳入池邊，想仔細看魚鰓腐壞的狀況。我這一跳，純粹是出於想要仔細了解災況，沒想到卻把所有人嚇到了，陪同的農委會副主委、市長賴清德，以及記者們也都一個個跟著往下跳。這個小動作，不經意卻讓很多人對官員總是「高高在上」的印象改觀。

張善政到台南勘查寒害，為仔細看清魚鰓腐壞的情景，跳入池中，並蹲著聽取漁民反映災情。這動作讓很多人對官員總是「高高在上」的印象改觀。（照片來源 聯合知識庫提供）

我在魚塭現場，當著災民的面，要求農委會副主委，對災損的補助要「彈性、加速、從寬」，尤其一定設法在農曆年前，讓漁民拿到補助。這些都沒有事先套招，我的想法是，安頓災民七上八下的心情，盡量讓他們安心，不要讓不滿的負面情緒擴張蔓延。如果我覺得官員做得不夠、反應太慢，我就再逼他們。後來，他們也真的讓行政流程加快，做到現場的承諾。

苦民所苦

二〇一六年三月十日，新北市石門外海，一艘名為「德翔台北」的貨輪擱淺，船體斷成兩截，重油洩漏，汙染逾兩公里。為了緊急救災，空勤總隊出動直升機，第一趟載運船公司技師到船上探勘是否有漏油，第二趟用吊掛方式將他們撤走，偏偏這天風狂雨勁、濁浪排空，就在第二趟直升機意外墜海，正駕駛、特勤組員兩人殉職，其餘三人落海、受傷獲救。

印象最深的是，那天是週五，我還卡在立法院總質詢的最後一天，中午時分，得知空勤總隊飛機摔進海裡。總質詢一結束，我便分別趕赴醫院探望。來到第一家醫院，正駕駛的太太說：「院長，您能不能看看我先生的大體，說幾句話……」

很多人可能會有所忌諱，身旁幕僚也表示不宜，告訴我：「這……婉拒比較好。」但面對傷心的家屬，我豈能轉頭就走。若只是以個人的立場，衝到現場、面對壓力，與眾人周旋，很多時候，這些違背我的個性，然而一旦站在政府公部門的位置，我卻超越自身個性或能力的侷限，得到了面對的勇氣。

我仍決定進去瞻仰遺容。正駕駛生前落水，身體腫脹，臉像吹氣一樣，一片慘白，想想他曾是妻兒倚仗的高山，如今躺在冰冷的鐵板床上，我心裡非常難過。站在大體旁邊，我雙手合十悄聲說：「謝謝您，請不要牽掛，一路好走。」致意之後，他太太心情平復多了。

換到另一家醫院，太平間裡那位特勤組員狀況更慘，當我走進去時，他已經被蓋上了往生被。聽說在吊掛作業時，正好颳來一陣強風，直升機像陀螺打轉，重心歪了，傾斜擺盪了一下，而正在執行吊索任務的他不幸被高高甩起，頭顱被螺旋槳葉片削去半邊，從此再也找不到。他的遺容不便瞻仰，地面滴了滿滿一灘血。

他的太太對於先生意外，十分不諒解。這一位特勤組員在作業過程中身懸於機艙外，是否求好心切，想趕快把人員拉起來，讓吊掛作業更有把握？

他太太泣不成聲，質問我：「為什麼他要站在機艙外？」「SOP是這樣要求的嗎？」我講不出半句話，要求內政部主管單位一定要給他太太清楚的解釋說明，否則她一輩子都會覺得先生枉死。我還探視了另外兩位傷者，恭禧他們大難不死。

穿上別人的鞋子

同理心用英文慣用語來說，就是「把自己的腳拿來穿上別人的鞋子」，設身處地理解感受他人真實情境。我益發覺得，一定要接觸在底層受難的當事人，才可以傾聽到最內在的心聲，他們心裡面有不舒服一定要講出來，抒發心情，才不會怨你一輩子。

沒想到多年後，我在花蓮認識的一個餐廳老闆好友，他原本是直升機飛官，當天探望的空勤總隊傷者之一正好是他教過的學生。老闆告訴我，這位年輕人現在身體復原得很好，又再出任務了。我聽了也覺得很高興，人的因緣真的很奇妙，繞一圈又串起來。

台南地震後，舉行安靈法會，有兩百位家屬參與，結束時馬總統與我一位一位地和家屬握手，我握到一位先生，他說：「院長，我是你台北府上管區派出所的所長，大樓倒塌往生的是我弟弟一家人。」

北返之後，我到派出所找他，他說他弟弟全家住在維冠大樓，全家一夕死亡，只剩唯一沒有罹難的大女兒，因為學校派到外地實習，沒住家裡，逃過一劫。

我告訴他：「突然一個晚上全家都不見了，希望能好好照顧這個女孩，若需要心理輔導，可以妥為安排。」他說自己是大伯，一定會好好照顧弟弟的女兒。

等到我卸任之際，賴清德市長請我到台南參加一個紀念音樂會，之後去香格里拉飯店吃飯。席間，我提到這位倖存女孩的故事，賴清德市長說：「我知道這個女生。」他向旁邊的小姐說了幾句，向我介紹：「啊，就是這位小姐，很感謝香格里拉飯店，讓她在這裡實習打工。」

人的緣分真的很奇妙，我鼓勵這位賴小妹妹：「你要好好加油，全家就只剩你一個了。以後有什麼事情，我們都會好好照顧你的。」替她加油打氣。

是同理心，還是理盲與濫情，不易把抓，有時候我的所做所為，或是任何發言，都不是出於「張善政」這個人，而是「行政院長」或「副院長」這個角色。有時候又反過來，我是出於身為一介凡人，對於某些災民際遇油然地產生了深刻同情。

感同身受，但不要喪失理智

從政生涯，我因為透過人與人的互動，用他人的眼睛，以全新的眼光看世界。我覺得為政者一定要多跟基層互動，親身走到現場，才能看到平常看不到、

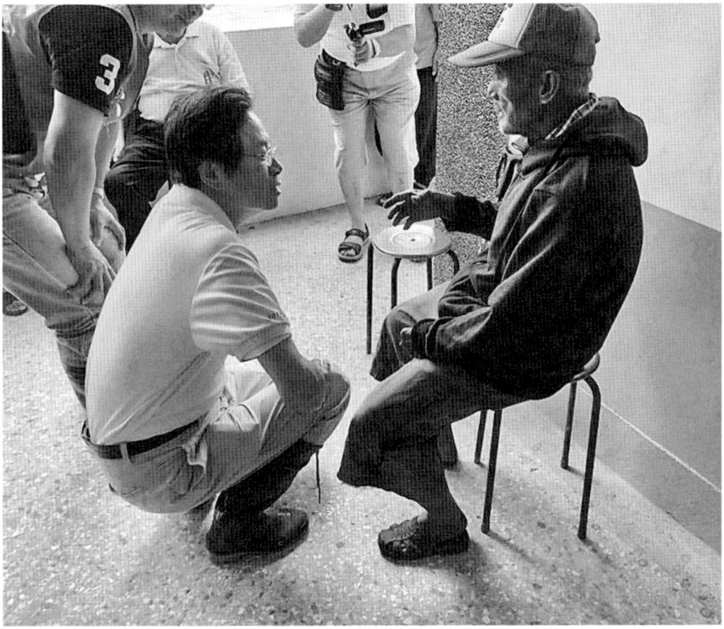

張善政總認為為政者一定要親身走到現場，才能看到災民眼中的淚光。照片為他蹲下傾聽從掌潭村撤到安置所的老阿伯失去家園的心聲。

聽不到的，才能知道傷害解決了沒有。即使面對不滿，或是被嗆，仍要到他面前，讓他傾吐冤屈。尤其，不要等被罵了才去，那做再多，人民不滿情緒早就擴散了，根本沒用。

二〇一八年八月南部淹大水，我再南下嘉義縣東石鄉，到幾個嚴重的村落勘災慰問。我雖已不在政府職位，無法帶給災民即刻的資源，但是希望他們能感受到來自政府以外的關心。

對東石最嚴重災區的災民來說，政府補助僅是杯水車薪。屋子的家具都被水沖走，家電也被泡爛無法使用，只剩下一個殘破的空殼房子。從掌潭村撤到港口宮香客大樓安置所的一位老阿伯告訴我：「家沒了！」一位在鄉公所填報災損申請的養殖漁民也告訴我說，她的魚塭被水沖垮，養了一年的七星鱸魚全都流失了，損失至少兩百萬元。

這些遠高於政府公告的補貼標準。這次既非颱風，也非地震，過去好像沒有向民間募款的先例，但是異常氣候將來勢必愈來愈嚴重，我們不能墨守成規。依照公益勸募條例，政府遇重大災害時，是可以啟動募款的。現在是不是該考慮這樣途徑的時候了？這對於辛勤樸實的民眾而言，是非常珍貴的支助！

我當然無法滿足所有人的需求，且深知精力與資源應該如何分配，重要的是傾聽自己的心，用自己的腦子，整合好自己，做好的精力與資源配置，不在理盲與濫情中迷失了自我。當我親臨沒有折衝、迴旋空間的第一線，直接承受民眾的反彈，我一直提醒自己：「感同身受，但不要喪失理智。」

然而我想，如果不踩在泥水裡，單從裝甲車上，怎麼能看見災民眼中的淚光。

第十七章

細究

從最後一哩路到最後一公分

我深切的領悟，我們凡事做事情都要求有始有終，英文所謂的 end to end，首尾連成一氣，做到最後一哩路，我認為這句話應該改一下，我們不只要做到最後一哩路，還要做到最後一公分。

記得小學作文課寫「我的志願」，當時年幼無知，為了作文高分應景，我曾寫下「我的志願是當總統」，詳細內容已不復記憶。其實那時候孩子的普遍想法裡，總統很偉大，而「偉人」通常高高在上，從來沒有想到跟自己有什麼連結，就只是一篇「作文」。我想，大概在我們那種年代，很多小學生都曾寫過這一類宏偉的志願。

嚴格來說，從政本來不是我的生涯規劃，更沒想過未來會走上政治的路。踏入行政院，從副院長到院長，面對一次又一次的災難，走到第一線，改變我原本內斂的個性。或許是在公領域，或許是責任使然，逼著我發揮「雞婆」的潛能，也可能我本來就有這些基因，只是之前一直沒有觸發的機會，被鎖在那裡。一旦從政後，遇到各種挑戰，這些潛質不斷受到觸發、刺激，就愈加活躍起來。

所以在行政院長任內，面對各項災難，職責所在，一旦管了，我的心情就是管定了，要管到底、管到好。

禽流感、登革熱，「當責」不逃避

二〇一五年初，禽流感疫情連環爆。當時的毛院長、農委會主委陳保基，花了很大功夫因應，身為副院長的我，是疫情指揮官，有一陣子我們週末開會非常頻繁。

台灣是一個海島型環境，眾多的雞舍、鴨池散置各地，大量的飼料吸引候鳥來覓食，排便後，將病毒留在養殖場內，引生疫情爆發。之後農委會推出「封閉式」模範雞舍，但似乎緩不濟急，一時間因為成本緣故也很難推廣。當時，我們完全倚重陳保基的專業，禽鳥類雞鴨鵝是他的專長，推動許多強制性防治措施，包括將蛋籃更換成不可以重複使用的紙盒、設立防疫關卡，對貨車進行強制性的消毒等等。

但難免撲殺大量的雞鴨鵝，尤其是撲殺大量的鵝隻，讓台灣養鵝業元氣大傷，之後幾年甚至要向國外進種鵝來繁殖。二〇一五年春天，我在花蓮壽豐農地做事時，不慎重心不穩，摔了一跤，左手骨折，最後動了手術，傷疤至今清晰可見。有人指點說，就是因為當時撲殺太多禽類所致，骨折是「用血光償債」。若是如此，我心甘情願。

好不容易控制住禽流感了，緊接著登革熱又接踵而至。台南、高雄地區第一次碰到那麼大規模的登革熱，中央地方都嚴陣以待。那陣子我經常跟地方首長、防疫單位等開遠端視訊會議。在會議上，我多次要求各地主管單位將環境清理乾淨，否則毫不留情地記過懲處。偏偏很多地主本身就是國有財產局、國防部等中央單位，因為近年來兵員裁減，大量廢棄營舍，不僅欠缺管理，甚至有人違建占用，衍生不少環境衛生的疑慮。

環保局定期清查，開了很多罰單。在視訊會議中，我不只責成地方政府，對中央單位也以同樣標準檢討，然而他們轄區地疏人遠，每次都被開單。一而再，再而三之後，我再也無法忍受，口氣愈來愈嚴厲，警告若繼續再被開單，將嚴厲議處。

我感覺遠端螢幕上賴清德市長的表情看來滿震驚的，他知道我一視同仁、就事論事，沒有偏袒中央部門。我覺得，或許是經過這幾次合作防疫會議，建立了日後我們救災的互信基礎。

事實證明，台南市政府與中央配合，真有把防疫工作做到位。我們第一次將GIS（地理資訊系統）全面性應用在防疫工作上，把疫區地圖分格成細小區域，疫情如何分布，怎麼蔓延，都一目瞭然。當時環保署長魏國彥提出建言：從生態學角度分析，生物棲地減半，其族群總數將銳減至四分之一，而非常識以為照比例的一半。如此我們派人闢出防疫巷道（如森林大火時開闢的防火巷），把力氣用在刀口上，讓棲地縮減分割零碎化，致使病媒蚊族群銳減，短時間控制住疫情。

我必須坦白講，當時高雄市政府配合度實在是輸給台南。高雄前一年有局部小爆發，不知誰的建議，引海水入溝，利用鹽分來殺幼蟲，似乎有效果。但第二年疫情變得嚴重，中央雖介入指揮防疫工作，但高雄自認很有經驗，沿用前一年的方法，不太理會我們中央指揮，有人側面告訴我：「高雄市政府其實都在應付你。」

有一次，我親自南下高雄開會，會前中央與地方雙方先開一次閉門會議，我初生之犢不畏虎，劈頭直言道：「陳菊市長，恕我直言，我們處理防疫救災的事，心中沒有藍綠，我們非常認真要幫高雄市，但現在看來高雄市沒有落實。」我不管她是大姐大，或在民進黨內多有資歷，把話挑明，如果高雄市繼續自顧自的，中央束手束腳之下，只能愛莫能助。後來我們到了會場，她先向市政同仁發言，展現決心，之後高雄市的配合度真的改善，尊重專家的建議。

疫情控制後，我同意賴清德市長的建議，在台南與高雄分別成立了「國家蚊媒傳染病防治研究中心」，由國家衛生研究院感疫所來主導，動員機動的防疫海豹部隊來對決登革熱。中心成立以後，南部登革熱似乎絕跡，反而是北部縣市後來發生疫情。

病媒蚊叮咬人的時候可不分藍綠，政治計較的後果，苦的是一般民眾，於心何忍！

面對國事心中無藍綠

也是在登革熱時，我才開始和賴清德接觸，當時代理行政院長才第二天，就因台南魚塭寒害南下視察，此後三個月間，因寒害、地震等災情共造訪台南十二次，每次來，都是台南出問題的時候。

我代表中央處理地方災情，秉持公正原則，沒有政黨利益與個人政治算計，也不搞小動作，全力配合支援協助地方救災，承諾的協助與災後重建經費也毫不手軟。有一次在台北防災會議結束之後，有記者在場外大喊：「張院長，聽說你跟賴市長有心結？」一向來，我總是不甘於被記者這樣用喊的，於是主動走向麥克風表示：「誰說我們有心結，你看從登革熱開始，到霸王寒流，到後來的地震，多少事情發生在台南，我跟賴市長一起面對處理災情，我們是『難兄難弟』，兩人之間沒有隔閡。」

政治人物有些人很討厭媒體，不喜歡記者，我是反過來，盡量想辦法跟記者主動溝通。之後，我去倒塌的維冠大樓現場，媒體拍到我們兩人站在一起，畫面看起來就更加「難兄難弟」了。

更改勘災路線，掌握實情

我經常跑現場，其實只想知道「實情」，我最怕相關的單位作秀給我看，行禮如儀，做做表面功夫，看不到真實的情況。

記得在登革熱時，我去台南察探廢棄營區的防疫工作，國防部很配合地安排一些人噴藥消毒，感覺煞有介事。還好我的幕僚不動聲色地，繞到後面去檢查，果然發現後面還有很多地方，根本沒有整理。後來他附耳回報：「不必看了，裡面根本就是亂七八糟的！」

我就是擔心表面功夫，只想應付「糊弄」上面來的官員。對此有所警覺，我自己要多接觸地面，找到不是樣板的對象，傾聽他們真實的意見。特別是相關單位安排我去看A、B，我則會不經意岔出去走C、D，更改路線，「脫稿演出」，不按牌理出牌。我並非預設一定會被騙，只是想憑藉自己的觀察，判斷是否真正掌握實情，或只是被刻意隱瞞蒙蔽。

這些對應災變的智慧，是我自己一次又一次摸索出來的。

在石門油汙事件中，第一回我去勘災，停在岸邊看救災人員在海岸噴洗汙染、挖除黑油。他們白色的工作服沾著又黏又臭的油汙，我看了之後便離開，發現後來網路上有聲音批評「官員只會到場作秀」。

於是我開竅了，原來直接跳下魚塭與到海邊看看就走人，兩者在人民心中激起的感覺是完全不一樣的。如果我在魚塭看完就走，最後也被別人講是作秀，但是跳下魚塭去翻看死魚，就讓人感覺到官員有心願意深入了解。

於是在行政院長卸任前，我又再去石門海邊一趟，想知道汙染是否都已經清乾淨？還是只是表面工作？當我實地行走，才發現海岸高高低低、大大小小的石頭很多，同行的人大都穿皮鞋，甚至有穿高跟鞋的女記者、扛著笨重機器的攝影師，我管不了那麼多，還是逕自走進潮間帶，逐一翻看石頭。

果然不出所料，仔細觀看，的確在很多細微的地方，仍有殘存的油汙。救援人員表示，海邊有上萬顆石頭，投入再多的人力，都不可能翻遍海邊每一顆石頭，再用高溫高壓蒸氣清洗，這是沒有辦法的事，只能留待大自然來消解，靠時間處理。我同意這也是不得已中的不得已，絕不是表面應付我。

從最後一哩到最後一公分

我深切的領悟，我們凡事做事情都要求有始有終，英文所謂的 end to end，首尾連成一氣，做到「最後一哩路（Last Mile）」。從政之後，我覺得這句話應該改一下，不只要做到最後一哩路，還要做到最後一公分。

第一次去海邊，我只待在岸邊看災情，或許已經做到最後一哩路，但是顯然不夠，只有走下岸，蹲下去翻石頭，才算做到「最後一公分」。事實也證明，「旁觀者」與「涉入者」兩者的立場及視點是完全不同的。如果你以為做到最後一哩路，夠了吧？ＮＯ！你會被批評是作秀，人民的眼睛是雪亮的，他們會覺得不到位，盯著看你有沒有做到「最後一公分」。

但做到最後一公分，其實也不是為了別人，但求我個人「心安」而已。

二〇一五年夏天，八仙塵爆之後，造成近五百位燒傷病患，所有的傷者要經歷漫長的復健，特別要穿壓力衣防止皮膚皺紋。隔年，在我快要卸任前，八仙塵爆也即將滿週年，我又跑了一趟復健中心，我想知道「是否所有傷者都出院」？

張善政（中間站立者）到石門海邊視察油汙汙染情形，下到海岸仔細翻看石頭，聞聞油汙味，確認油汙清除狀況。（照片來源 聯合知識庫提供）

因為這樣大面積的燒傷是一輩子的痛苦。

經由接觸患者的故事，我見識到什麼叫做「痛不欲生」。很多人因為活下來那麼辛苦，反而悲觀地想著：「自己當初為什麼不走了就算了？」我在醫院親眼看見那些繁瑣沉痛的復健過程，而且壓力復健衣不能量產，必須依照每一位患者量身訂做才有效果。我看到醫護人員，按住患者的手，固定在布料上，按手形描繪最適切的大小，再一針一線手工裁切縫製，一切工作，都教傷者煎熬，真是漫漫長路啊。

最後，我也得知最後一名住院病人在六月初出院，而九七%的出院病人後續持續接受全民健保門診治療，其中半數同時接受門診復健治療。總之，我總想知道任內每一件大事處理到什麼程度，我才能比較安心離開。

「拿捏」才是修練

當然，這樣勤跑現場，的確給大眾一種勇於任事、勤政愛民的印象。「形象」是一項重要的資產，它指涉一個人的內涵、修養所呈現出來的風格與特色。但是在現今的媒體政治大環境下，形象很大部分是透過媒體塑造、傳播而「呈現」的，有句英文說：「In politics, perception is everything.（政治，全然取決於觀感。）」如同觀感好壞之分，形象也有正負之別。

但是很多人會問道，政府官員不是應該站在制高點看大局、想策略嗎？像這樣接地氣，事必躬親難道不會分散精力？

花時間走到「最後一公分」，並不是無法做到站在制高點上舉目揚眉、盱衡全局。至少對我而言，這兩者不相悖謬。在工作崗位，很多人會反彈自己的主管管太多、抓太細，覺得很困擾。以前有人便批評某某部長、某某董事長是「課長」，專門拿著放大鏡挑些雞毛蒜皮的小事，格局有限。

可是，不是有句話說：「魔鬼藏在細節裡」。不去看細節，又怎麼知道問題有沒有解決？所以主管要能宏觀高點策略，又要微觀細節。至於何時要高點策略？何時要細節？要做到什麼程度才「算數」？這是任何一個層級的主管，最感到為難的。

土木的訓練內化成看大管細

現在我雖然沒有從事土木工作，但是學土木對於訓練我「拿捏」很有幫助。比方機場捷運為什麼從A點到B點，兩者間要怎麼規劃？為什麼這樣走，而不那樣走？在規劃時，必須要考慮到地方需求、地域情境、都市變化等等，如同我們蓋一棟房子，即使不大，也是複雜的系統，包括外形、土建、結構、機電等。所以，土木工程教育的第一個要點是「宏觀」。

但是話說回來，土木另一面是「微觀」，落實到結構設計內裡，混凝土裡面要埋入多少根鋼筋？每根直徑多少？一根頂梁若從右至左要拉二十根鋼筋，但鋼筋若不夠長，需要接結時至少要重疊幾公分？力量如何傳導分散？如果要重疊十二公分，差兩公分就不行，這些多如牛毛的種種規範很細緻、很繁瑣，都是深入骨髓般的縝密思考，細節絕對不能棄守，更不容許用「差不多心態」應付。

年輕時土木思維的訓練，完全塑造了我的世界觀與生命的視野。在美國攻讀博士時，密密麻麻的程式中，一個誤植為句號的小小逗號，我也是一眼就可以挑出來，同學為我取了「鷹眼」的外號。之後我離開校園，「鷹眼」早就用不上了，它不是消失，而是內化成「心眼」。如果一個學生，畢業後即便所學都忘光，而該有的潛在本能也一併消無的話，顯然他訓練沒有到位，也沒有把書念好。

雖然到最後我也不再從事土木工作，可是長年培養「宏觀及微觀」，無形的模組早已深深滲進我的精神意識，化為血肉的一部分。

在我個人不算長的從政體驗中，「最後一公分」可說是，考驗為政者的一大修練。什麼時候看細？什麼時候管大？這個就是要「拿捏」，這個「拿捏」我講不出個道理，一種長久訓練下來的自然反應，只能說憑感覺。有些地方感覺要跳下去看，因為可能藏有魔鬼；有些地方不必管，因為賭它不魔鬼。

還好經由驗證，大部分直覺判斷都是正確的，雖然還是會出紕漏，但經由幾回教訓及修正，出紕漏的機率也愈來愈少，精確性的掌握愈來愈高。好比一個高科技鏡片可以自然調節滑動聚焦，看遠看近，這樣的敏感性已成為我的一種本能。

政務官與事務官在同一條船上

這種敏感性也成為我從政資產，前前後後在公部門多年，我也累積一些個人的想法，除了力求組織的「扁平化」，讓部會同仁感到「我跟部長、院長只有一個鍵盤的距離」。我始終主張政務官與事務官必須在一條船上。

這兩年，我發覺小英政府推動一些政策，明明漏洞百出，強推之後，輕則引生民怨，重則動搖國本，甚至導致幾位部長皆引咎下台。這些其實經驗老道的事務官早已預見，但因為不獲長官信任，被邊緣化乾脆閉嘴，心裡覺得「你們覺得自己英明，我的建議不聽，那我就等著看看你們出洋相、出醜」。

道理很明顯，當「政務官」與「事務官」兩方互相不信任、沒有同在一條船，一定是政府的災難，人民的不幸。我覺得要培養事務官的尊嚴與主動性，與政務官處在同一條船，是讓政府走向正面的第一個步驟。畢竟我擔任院長只有三個月，而且公務員升遷涉及考試院，但政府機關文化如果可以改造，將能塑造一種新文化，讓公務人員更有尊嚴、更有向心力。

從政，原本不是我的生涯規劃，若問我誰是從政的榜樣，或是崇拜的人物，我反倒認為一項好的政策的參與性，更勝於崇拜個別的政治英雄或偶像。

嚴格來說，我沒有效法個別的典型人物。通常是我欣賞某些國外的政策，才去關注這些是誰提出的。好比我欣賞美國前副總統高爾，早在大家對網路不甚理解時，他便大力推動美國資訊高速公路法案、國家資訊基礎設施等，這些前瞻計畫也成為我在國科會推動資通訊的參考。

又好比我在擔任副院長時，觀察到歐巴馬、比爾．蓋茲、祖克柏等人都大力倡導小學階段的程式教育，推動「一小時玩程式」活動，為全美六十多個學區的學生提供電腦程式設計課程，也促使我直到今天都著重程式教育，也以基金會的力量，到偏鄉教小學生玩程式。還有當我擔任科技政委，努力在生技領域摸索時，我也注意到歐巴馬以總統的高度呼籲推動精準醫療、癌症射月計畫，這些對我們都極有參考性。看到別的國家先進的政策，或是執政方向值得參考時，我也以他山之石的心情，思索我們如何追趕、不落人後。

然而，當執政團隊在努力時，我也對政治圈內發展感到憂心。從政以來，我最深刻的感受是，台灣選舉文化中為反對而反對的風氣，加深了政治性惡鬥；或是某些立委只想炒短線話題，為了選票作秀，最後弄得根本沒有是非可言。即便我誠心誠意想要做事，推動好的政策，但是仍會遭到不理性的惡意批評，這些都很令人心痛。

理性是教養，狂暴則會傳染。我們的民主雖有足可傲人之處，但也常常流於民粹弊害，不僅經常為了選票而犧牲長遠的政策，更悲慘的是，歷史因緣之下，台灣不幸有國家認同的問題，不同的人戴兩頂不同的帽子，因為帽子不一樣，就永遠沒辦法談事情。除非我們把帽子都誠懇地摘掉，力求回到事情的本質。

不要用今天的眼光看未來

未來台灣的當務之急，不是爭統獨，搞意識型態的宣示，而是要把自己變得強大，當我們有很強的實力、很強的社會與經濟力量，那時不管做什麼決定，都可以不再受制於人。

這些不是喊喊口號，我個人認為真正的政治家內心必須有一則清楚的「願景」，他對二十年後的台灣到底如何，可以描繪具體的「影像」，然後捲起衣袖、流血流汗，逐步讓理想落實成真，教美好的形象成為大家的嚮往。

身為政治家，不能只以現在的眼光看未來，因為當今的眼光，永遠被眼前的局面所拘限。殷鑑不遠，當年蔣經國總統要建造中山高時，其實沒有多少人知道到底需不需要高速公路，甚至很多人批評，收費的高速公路，只有那些買得起轎車的有錢人才開得起。但是，放在今天來看，誰又會這樣認為？反而大家有了使用高速公路的經驗之後，便無法回頭了，之後幾年，我們又陸續建造了北二高、北宜高等等。難道我們要等到所有人都知道高速公路的效益之後，才開始動工嗎？我想，答案很明顯，那就太慢了。當年如果糾結在爭議，沒有鑄山煮海的大魄力，就永遠沒有建設的可能。

再來看高鐵，當初也有很多人批評，甚至有不少人主張整頓台鐵，提高運轉即可，當時我也是沒有遠見，抱持提升台鐵質量而不建高鐵的看法。但如果今天再做民調，我相信很多人都覺得當年興建高鐵是正確的決策。相反的，我們當今也看到不少負面的例子，小則從內湖科技園區幾乎無解的交通，大到桃園機場兩個航廈已不敷使用，更已經落後鄰國，可以說都是當年眼光看得不夠遠。

我想再有能力的領導人，他的任期不過四年，最多八年，不可能做到二十年。但若能拋開藍綠意識型態之爭，端出幾項二十年後對台灣能有幫助的「願景」，成為全民共識，努力來推動；或至少要能夠把這個「影像」「願景」的基礎打下來，讓之後的人可以踩在正確的基礎上，繼續往下走。

想想，二十年就是一代人了，當初批評者或許不再，而在坐享其成的人，未必明白當初的艱辛，也未必會感念古早往昔種樹的園丁。低頭耕耘的人往往是寂寞的，若以短程的政治生命來衡量，這些或許並不是一筆划算的付出，但是一個政治家必須有被當成踏腳石的覺悟，像我過去爬山一樣，一步一腳印，前行復前行，永遠為百姓謀求最大的福祉。

第十八章

感念

再一次說「再見」

小學時，媽媽每天牽著我的手走路上學，長大後，母親失智，我仍牽著媽媽的手，直至淚送她走向人生最終。

我母親失智近二十年，漸漸不認得我，叫不出我的名字，忘了國語、台語，只會說童年的日語，忘記說再見就向我們告別了。

小時候我們有一首歌是這麼唱的：「世上只有媽媽好，有媽的孩子像個寶。」這簡單的童謠，大概是說我這樣的小孩。記得小學一、二年級時，媽媽每天都牽著我的手，領我上學。早上從一江街宿舍，穿過車輛很多的南京東路，十幾分鐘的腳程，我們一路聊天說笑，很快到了長安國小校門口，她總是凝視我揹書包走進去，才轉頭離開。有時候，我沒走幾步，人還在穿廊中間，下意識地轉個頭，希望再看她一眼，她若還在原地，我便舉起手再揮兩下，用唇語說：「呵！再見！」

母親，是上天賜我的無上恩寵，這一牽手，牽出了我們母子六十多年的因緣。

最愛清淡家常的媽媽味

我跟媽媽很親，她真的影響我很深。她把我們照顧得很好，很會理家。潛移默化之下，我也喜歡把環境整理得乾淨整潔、有條不紊。

張善政從小到大與母親很親，母親失智後，他仍
不放開媽媽的手，直至淚送母親走向人生最終。

小時候，家裡只有一種暱稱為「土冰箱」的櫃子，沒有馬達、冷媒，不能插電，鑿冰人把冰塊運到家裡，放入櫃子最上層，冷氣緩緩沉降，下層的食品可達低溫保鮮的效果。

用這樣簡陋的土冰箱，媽媽得每天到傳統市場買菜，她的廚藝雖然不到傅培梅的等級，但還是用「魔法」變出家常美食，如涼拌竹筍、氽燙小卷、蘿蔔排骨湯等等。我喜歡吃魚鮮，媽媽常煮清蒸魚，放幾片薑、幾段蔥、灑點鹽，十足簡單、卻無比美味。偶爾她興致一來也會做些功夫菜，像是鍋巴蝦仁，但費工、味道濃重的紅燒肉、紅燒魚比較少。

晚餐時刻，三菜一湯，一家四口圍著小餐桌，聊著學校的趣事，爸爸談些工作或人情世故，這景象烙印成我對「家」的永恆想像。

爸爸的老家在天津，北方人嗜食麵類，母親也學會包餃子，家裡也經常吃餃子。如果回台南外婆家，媽媽跟姨媽們帶我去吃台南小吃，比如包月桃葉的菜粽、鱔魚麵、米糕、碗粿、牛肉湯啊，這些混合成我和媽媽之間難忘的幸福滋味。

國小低年級可以回家吃中飯，之後一路求學，我都是吃媽媽準備的便當，念台大時，離家近，經常可以溜回家吃飯，媽媽的味道總是能暖我的胃，安撫我的心。除了出國留學那五年，只要在台灣，一天沒有吃媽媽的飯菜，就感覺少了什麼。

受母親影響，我現在口味依舊偏淡，而且不太敢吃辣。有幾次出差大陸，面對滿桌的重油、重鹹，色美厚工的佳餚，總是感到很不習慣。成年之後有機會嘗遍不少國內外美食，但最讓我懷念的，仍是小時候不起眼的家常菜。

記得早年父母年輕身體好，我跟妹妹也都還沒有很大的課業壓力，父親因為常跑工地，公司配有一輛可以上山下海的車子。假日父親若有空，便帶全家到日月潭、溪頭遊覽。

那幾年全家出遊的頻率還不少，短程一點的我們也到宜蘭，那時沒有雪隧，總是繞著綿延彎曲的石碇、坪林間的山路。我永遠記得，當車子一過大金面山，開始九彎十八拐幾個大彎之後，突然映入眼簾的就是宜蘭平原，那棋盤狀的稻海，更遠一點的太平洋，波光粼粼中，初見那墨綠的龜山島，那種天高地闊的震撼，至今難忘，沒有想到就在台北以外，另有一個廣大的世界。

不習慣空蕩蕩的家

我們家其實很傳統，男主外、女主內，媽媽原來也是職業婦女，但婚後生下我和妹妹之後，她便辭職在家成為家庭主婦。十多年之後，我開始念初中時，她比較有時間，二度就業回到職場，進入有名的廣告公司「聯廣」，準備一展所長。

然而，她工作沒有多久，我便央求她不要再上班了。那時我比較自私，放學回家，看到整個家裡空蕩蕩的，很不習慣。我從小戀家，之前媽媽在家，放學回家看到她的笑靨、聞到桌上的飯菜、閒聊招呼，心裡感到好踏實、好放鬆、好舒坦。

依賴成為一種習慣，習慣固著成一種理所當然。因此我一直吵嚷不休，要媽媽趕快辭職回家陪我。果真工作不到半年，她便辭職回家，從此不再外出工作。

唉，我真不知足，人在福中不知福，當年要是我懂事一點，真應該讓她繼續上班，或許媽媽一直藉著上班機會動腦筋，晚年就不致於失智。每思及此，我總感到無比內疚。

我是獨子，照顧母親責無旁貸，留學回台大教書成家之後，我抽不到學校宿舍，貸款在新店山區買房，父母跟我們住樓上樓下，就近照顧。日後擔任公職也從未入住官邸，每天新店、台北兩地跑，只想就近陪伴家人，晨昏定省，多看幾眼媽媽。

面對親人失智，每個家庭都有自己辛酸的故事。我回想，自從有一天母親突然暈過去，那天起她便開始忘東忘西，後來遺忘的次數愈來愈多。我常跟她說話，看能否提醒她一些事，初期還可以應答幾句，但後來愈來愈沒用。

有時她面容淒苦、嗯嗯哼哼，看得出很不舒服，但究竟哪裡痛也說不清楚，送到醫院急診，才知道是尿布包久出疹子，或是尿道發炎，她有苦說不出。

來不及安享田園生活

母親還能走路時，多年前某一天，我正在超市買菜，突然接到父親電話，氣急敗壞地說：「媽媽不見了！」母親那時失智、但有行動能力，沒想到，一個不注意，媽媽就不見了。

急忙結完帳，我趕緊從超市飆回家，車程雖然只有十五分鐘，心想：「社區這麼大，山路分岔也多，要怎麼找起？萬一發生事情該怎麼辦？」

我一邊開車，一邊左右張望，就在回家路上，看到一位穿著拖鞋的老太太，熟悉的身影，在路上疾走，啊，居然是媽媽！我的運氣還算不錯，得來全不費功夫，算不幸中的大幸。有過這種「媽媽不見了」的經驗，我真的可以體會，當家人走失那種心慌無助的感覺。

僅在這短短十五分鐘的煎熬，那恐懼的感覺就烙印心裡一輩子，這種陰影忘不了（現在已有預防老人走失的NFC失智手環，真是一大福音）。

在這段期間，我一直盤算著，必須為父母另覓可以安度晚年的地方。台北冬天經常陰冷飄雨，我又住在新店山區，濕氣更重，老爸的肺總因寒氣作怪，非常不舒服，再加上媽媽需要換個更合適的地方好好養病。

大約十年前，因緣際會之下，我終於得以在花蓮買到一塊山坡地，可以覽瞰整個花東縱谷。重點是，不遠處就有門諾醫院壽豐分院老人院區，開車僅需五分鐘。院方有附設老人安養中心，一個月三、四萬元。花東地區冬季比台北乾爽，好山好水，空氣清新，若爸媽能入住，便不需要再請外傭，而老人家也有種菜、養兔子的地方。照料菜圃、餵飼小動物，對老人家身體及心智都有很大的幫助。

原來我想盡快搬過去，也讓父母可以安享晚年。但原地主簡陋的農具間以外，並不適合居住。那時我買了水土保持及農舍法規的書仔細研究，想好好規劃，但房子還沒有動工，就因為換了新縣長，以一紙行政命令禁建。

之後，母親病情出乎意料快速惡化，行動能力愈來愈差，跑醫院的頻率愈來愈高，因此爸媽東遷養老的計畫不得不中斷，終至不了了之，以致於至今山坡地仍只有鐵皮農具間而已。

媽媽病後，前面十年，主要是父親在照顧母親，他花的心思絕對比我多，我打從心裡感激他。大概是長年夫妻的默契吧，母親雖已無法言語，但父親仍能從母親呻吟聲中聽出異樣，趕緊送急診。而跑急診總是在半夜。有時等不到病床，老爸還會在急診室陪伴一、兩天，直到有病房，才能安心回家。

大約六年多前，媽媽有次上台階腳突然沒力，往後跌了一跤，從此潛意識就害怕走路，慢慢地只能依賴輪椅，倒臥床上的時間也愈來愈長。此後自理能力每況愈下，甚至最後只能靠鼻胃管餵食。

忘記說再見的告別

媽媽生於日據時代，失智之後語言能力從國語、台語，漸漸退化到只講日語，直到最後一次喚我名字之後，慢慢再也認不得我這個兒子了，她的記憶力，也像沙漏裡的細砂，點點滴滴地流失。

失智症，就是親人不知不覺慢慢離開的過程，彷彿一場漫長的告別。明明她的人還在面前，但我卻感覺到徹底地「失去」她。她沒有向我們說一聲再見，就

張善政父親喜愛攝影，常以家人為模特兒，照
片為張善政父親年輕時為母親拍下的倩影。

轉身背向世界遠去，她忘了自己、忘了摯愛、忘了跟我們好好道別，甚至她連什麼是「再見」都忘了。

對愛她的家人來說，失智真是情何以堪。我一開始也像無頭蒼蠅般不斷摸索、到處碰壁，感到挫折連連，好辛苦，心裡面有塊石頭，永遠拿不掉。

唯有自己走過，才會知道每一位照顧者，都是第一遭走這條長照路。母親失智之初，老爸也是七十多歲的老人了，必須申請外籍看護協助。偏偏當時爆發某位醫師跟仲介業者掛勾，假造巴氏量表謀利，草木皆兵之下，很多醫生格外慎重，嚴格審核打回票，使真正有需要的病患及家屬，反而求助無門。

那時我太太在中部大學授課的ＥＭＢＡ班上，一位學生正好是台中榮總的腦科醫師，深知我們的狀況。好幾次我們由台北開車到台中榮總做各種測量、照電腦斷層掃描。每次開車來回就要兩、三個鐘頭，來來回回好幾次，才終於確診失智，拿到巴氏量表申請外傭。

麻煩的在後頭，三年期滿後，又要重新申請。除了開確診失智要跑好幾趟醫院外，辦理身心障礙手冊、申請長照也經常分散在不同政府單位，必須兩頭三地奔忙。這些對老人家都是巨大的操煩與不便。之後我們就近改換新店慈濟醫院，醫生也是很不容易才將量表開出來，對大家都是一場折磨。

法規擾民，復康巴士沒著落

前年夏天，那陣子氣溫特別高，動輒近四十度，但老父親仍天天探視母親。我看著九十多歲的老人家在外籍看護的陪同下，拄著枴杖在烈日下奔波，醫院的護理師見狀趕忙提醒我，這樣太危險了，如果老爸爸再有個閃失，就要照顧兩個病人。我只好勸阻老爸探視，由我去探視後回報情形。我知道，老爸想聽的，也無非是一句「媽媽很好」。

之後媽媽因肺功能退化輾轉於醫院間，幾乎沒有回過家，最後甚至得依賴呼吸器。而一旦住院滿六週後，就被院方依健保要求出院轉呼吸照護機構。但是我對出院、轉院，該怎麼處理，完全沒有概念。醫院只告訴我，媽媽需要呼吸照護，我以為就跟以前買電動床一樣，買個呼吸器，就可以安然把母親接回家照顧。

我到醫療器材行，表示要買呼吸器，老闆一臉不解，狐疑地盯著我說：「先生，其實沒有人在買呼吸器的啦！這麼貴的機器多半是租用，而且你買了也不一定會用。」經老闆提醒，我才知道該做的不是買呼吸器，而是替母親找呼吸照護機構。

但是，要將臥床的母親從二級轉院到三級呼吸照護醫院，這不到一公里的路，卻讓家屬與病人都很無助，復康巴士完全沒有著落。我們不得已只好自費一千多元叫救護車，明知１１９不應這樣用，復康巴士看起來是政府的德政，但這麼多年我從來沒有叫成功過，那時我很想問：「政府的主政官員，你們有自己走過？你們知道這些實際的問題嗎？」

有一天，父親跟我要母親的照片，急得滿頭大汗，卻說不清楚用途，原本我想從電腦裡找一張，但父親堅持說不行，一定要近期的照片，可是母親插著鼻胃管躺在病床，要怎麼照相？

後來才知道是身心障礙證明到期，需要重辦。我不禁感嘆，像我母親這樣不可能好轉的病人，為何還需要更新證明？

好不容易幫臥床的母親拍完照，結果父親卻拿出一張外勞申請表，我才發現，父親連表格都弄錯了，他年紀也大了，已經無法處理這些繁瑣的申請作業。我接手辦理申請後，在網路上遍尋不著正確的申請表，乾脆跑一趟到區公所領取空白表格，也不知道申請需要什麼證件，又跑了趟里辦公室請里長蓋章，證明媽媽有殘障需求。

結果我前後跑了兩趟區公所，第一趟拿正確的申請表格，回家準備相關文件，第二趟才是正式送件。折騰半天申請完了，又發現有新的申請辦法。回想這些焦頭爛額的撞牆過程，令我不解的是，台灣日益變成高齡化社會，重辦這些證明所需的資訊、表格早就掌握在政府手上，如果政府體貼一點，就應免去民眾重跑這些繁瑣的流程。在保護個資與便民中間，政府主事單位應該要好好思考，如何搭建順暢簡便的網路平台，幫助民眾解決需求。

但遺憾的是，最後老母親來不及等到新證明核可就永遠離開了。

夢中的母親

人有悲歡離合，月有陰晴圓缺，此事古難全。母親失智整整將近二十年，雖然我們盡了所有的心力照顧，但我始終覺得她失智太久，受的苦也太多了。

二〇一七年九月六日那天，她最後一次睜開眼，然後闔上原本就無力的雙眼，永遠放開了牽著我的手，結束了肉身漫長的苦痛。

母親沒有特定的宗教信仰，但她晚年長期進出新店的慈濟醫院，得到醫療團隊及眾師兄姐的協助，所以母親過往後，我們就以佛教方式辦葬禮。

這兩年間，我對於母親的思念與日俱增，忙完喪禮，我雖回到日常的忙碌生活，但是夜深人靜，無意間總莫名地想念那些美好的往事。媽媽失智後，家中幾乎都是外傭在燒菜，那些暖我的胃、安撫我心靈的菜，再也吃不到了。我也是到了更大年紀，愈加想起童年點滴，愈加感到我曾是那麼深地被母親的慈愛疼惜過。這恩情做子女的一輩子都無法回報。

好奇怪，守喪期間七七四十九天的整個過程，我都沒有夢過她，思念之際，我心中滿是疑惑：人離開世間之後，到底發生什麼事？我母親失智到離世近乎整整二十年，往生之前已對人世無知無覺，那麼走的時候有沒有痛苦呢？她的靈魂還在嗎？如果還在，走的當下又會經歷什麼？

我近年常跑花蓮，有幸在東部結識一位德高望重的方丈。他對佛法有很深的理解，又精於書法藝術。藉一次年終祈福法會，我將心中的問題提出，向他請教。

方丈也由佛家的角度，一一提出解答。他說，人的知覺有好幾層，即便已經失智，靈魂還是存在的，因為失智只是感官層面的失能，靈魂不是感官，因而無所損傷。所以人陽世生命終結之後，即便已經沒有了知覺，靈魂仍會離開她的軀體，啟動下一個旅程。

而普通的凡人，死後都會經歷一段特別的轉換期「中陰」，為期四十九天，就是七個七，因此每隔七天靈體將經歷一次蛻變，過程多半是帶著牽掛與痛苦的。方丈說：「這像是每隔七天進行一次審判，那時做七時的誦經、念佛等法事，其實是為她修懺，迴向給她，盼望她在另一個世界的審判，能夠順順利利，或是減輕其中的痛苦。」

「原來如此」，我比較懂了一點，方丈又安慰我：「你母親已經八十多歲了，能夠活到八、九十歲的人，通常慧命亦長，可能經過第一關頭七的法事，她就圓滿了，不再受苦了，你可以放心。」這些話讓我頓時解脫不少。

我再問：「有沒有什麼事情我可以替她做？」商量之後，我為母親供養一盞長明燈，方丈請寺裡和尚誦讀《地藏經》，希望母親在他界一切順利。

去年底某一天，我突然夢到母親，夢裡的她沒有病痛，恢復年輕一點且健康的模樣，她笑笑地喚一聲我的名字，聽不很清楚，不知道她要我做什麼，但感覺卻是那樣清晰、熟悉、溫暖，歲月靜好，一切如常。最近整理舊照片，看到她年輕時當父親攝影模特兒，那影像好美好美……。

她若地下有知，我想舉起手揮兩下，再一次用唇語說：「呵！再見！」

用自己的風格從政

採訪後記／吳錦勳

普悠瑪號在東部幹線疾馳，窗外流動著大山濶海的無敵美景，偶爾穿過長長的隧道而出，天光大開，滿滿的濃綠鮮藍照眼而來，讓人心瞬間飛揚。列車通過三棧溪，滑行在鐵橋上，轟隆隆不到一秒，這是張善政大學實習參與的工程之一，但幾乎沒有任何人注意。長長的河道，水流淺淺，雜草茂生，河床裸露無數石頭，是典型的台灣荒溪的景象。

待列車經過了北埔、花蓮、吉安等站，不要多久，就抵達了壽豐。才走出火車站，張善政已經站在剪票口，白襯衫、牛仔褲，露出他的招牌微笑。或許暫離都市、放下公務，他顯得步伐特別輕捷，而開朗謙和的身姿，一如往常。他開著一輛 MAZDA 早就停產的 TRIBUTE 二手休旅車，坐在他偏愛的竹編椅墊上駕駛，他熟門熟路，不到五分鐘，就來到他的農地。

安於簡樸

這片山坡地其實很陡，僅在底端入口農路附近稍微平緩。這裡有一間原地主留下的農具間，兩、三坪大左右，裡面散置著三台割草機、鐮刀鐵鋸、肥料、鐵絲繩索，十幾雙髒舊的手套正在屋簷下晾著。農具間頂上搭個簡易的鐵皮屋，五、六坪不到，是張善政過夜的地方。內部一覽無遺，四周牆面補滿填充發泡劑，豪雨季節外面下大雨，裡面下小雨，地板一張床墊，壁上一條破浴巾，床鋪堆著一坨睡袋。「這是我大學登山用的，都四十多年了，竟然還可以用。」張善政有點得意，一旁的張太太露出不以為然的苦笑，皺著眉頭，「那浴巾都發黑了，我要丟掉，他不肯！」

張太太也姓張，名叫張琦雅，在中國文化大學全球商務學系擔任助理教授。過去幾年，她總是傾全力陪先生來花蓮，可是她運氣不好，初來便在屋內遭虎頭蜂攻擊，血壓降到五十，送慈濟急診；第二次又被蜈蚣咬，紅腫疼痛，送醫施打破傷風；最嚇人的一次是浴室內跑來一條蛇，細看竟是龜殼花，幾次驚嚇之後，她便有陰影，因此開墾務農的工作主要交給老公。

初見面，熟悉安心的感覺

三十年前，他們初識時，張琦雅當時還在《牛頓雜誌》當編輯，有次為撰寫電腦繪圖相關文章，詢問之下，中研院老前輩二話不說，立馬推薦她一定要去採訪台大土木系的張ＸＸ，張琦雅說：「老先生口音重，我心想，好好笑，居然有人叫張『三振』？」

而且這位三振兄還很忙，只有國慶日當天放假才得空，兩人便約在土木系的志鴻館見面，「好奇怪，第一眼看他，我不知何故，覺得這人像在什麼地方看過，好熟悉，他給我一種很安心的感覺。」張琦雅說。

結果張善政非但沒有被她三振出局，十個月後，兩人火速公證。婚禮十分簡約，幾位至親好友、師長觀禮，小小茶會之後，從此張琦雅變成張太太。結婚照裡，張善政戴著大框眼鏡、留著稍長的頭髮、消瘦的臉，散發著年輕人的銳氣；新娘眼神清亮，溫柔地微笑著。兩人望向前方，洋溢著喜悅。

張琦雅的祖父是台中大雅人，曾遠赴日本攻讀醫科，祖母出身南投，她在台灣三代同堂的家庭中長大，與來自台南的婆婆很投緣，「我的婆婆是教養很好的日式婦女，衣裝永遠整齊，舉止那麼的『優しい』（溫柔），感覺跟我母親、外婆一樣熟悉。」台大教職員宿舍稀缺，張善政於新店山區貸款買下兩層樓獨棟房子，樓下給父母住，樓上是他們小家庭，早晚晨昏定省，張太太很適應這樣三代同堂的婚姻生活。

原本在美國念電腦的張琦雅，婚後努力攻讀企管，拿到博士學位後投入她喜愛的教書工作，而獨子台大畢業後，現今也在美國攻讀氣象博士。一門三博士，整個張家最熟悉的是學術圈的生活及價值觀。張琦雅當初嫁給張善政，原也以為一輩子都將待在學界，哪知道，先生後面生涯的發展，卻教她大感意外。

勇做先鋒者

張琦雅說：「他一直想要做 Pioneer（先鋒者），總想試以前沒有試過的事情。未知的領域，對他有極致的吸引力。」張善政的人生至今寫下很多「第一次」，從原本的土木，跨入電腦繪圖；由安穩的教授，換到高速電腦的領頭羊；由推動政策的處長，到跨國大企業的洗禮；由民間公司，被延攬到政府部門，一路由政委、部長、副院長、再到閣揆……每一個落點，都是生涯的跳島遷徙。

觀察在張善政一生中，在不同時期，他分別扮演了教授／工程師／科技人／資訊長／院長／農夫／公益推動者（至今仍可延長這份名單）……每一條斜線（Slash）不僅做為一次職涯，更展現他的價值觀、他的終極關懷。他不斷跨界，不斷歸零重開機，可以說是現今流行「斜槓青年」最早的原型。

「他讓我最佩服的是，每個角色他都全力以赴，做什麼、像什麼，而且不必預演，終究關關難過，關關過！」張琦雅說。

滿意度最高的閣揆

時間倒回二〇一六年初，國民黨敗選下台之際，張善政擔任看守內閣，原本他自己預期上任三個月後「安全下莊」就好，只要外界能接受，就覺得「阿彌陀佛」。結果他卻能冷灶熱燒，做到風風火火。像勝負已定的籃球賽，在「垃圾時間」上場的替補球員，卻不可思議狂飆，來個超級大逆轉。

他施政滿意度近五成，也成為馬英九任內最受歡迎的閣揆。從原本僅求「不過不失」，到最後竄升為一顆政治新星，贏得藍綠同聲讚賞，更讓很多人嘀咕：「為何不早點重用張善政？」

科技部綜合規劃司司長林廣宏，早先是院長辦公室主任，他從科技部到行政院，在張善政身邊待了快五年。三年前，五月十九日下午五點十七分，張善政步出行政院大樓，結束了他為期一〇九天的任期。

在行政院門口，車子駛離前一刻，林廣宏紅著眼睛鞠躬送別，張善政輕拍他的臂膀，他回到座位不發一語掉淚，「我跟院長，除了長官跟部屬以外，其實很多是朋友的成分，所以會對一個朋友的離開，覺得不捨。」他感慨什麼時候，國家還會有這樣一個政治人物出現？

建中的「阿信」班長

雖然童年的張善政曾經戲言長大要當「總統」，但是他對於「領導」原本是一張白紙。建中高三時同學忙得搶時間念書，老實的張善政被拱為班長。開學不久，物理老師要班長到他家裡，將編好的講義運來學校，發送給同學。

他獨自一人將六十幾本厚厚的講義，綑在腳踏車後架，由老師家向學校出發。騎著騎著「啪啦」一聲，講義全摔到地上，書髒了，人也遲到，他灰頭土臉進了校門。他把車子牽到騎樓，好方便搬講義到樓上的教室。待他汗流浹背搬完之後，走下樓，腳踏車居然不翼而飛，「天啊！光天化日，堂堂建中校園裡，腳踏車竟然被偷！」想起那輛當時不多見的流線型變速腳踏車，他心疼至今。

「那時候我像個呆頭呆腦的阿信，不懂得找人幫忙，只知道默默服務同學，結果損失巨大。」這是他學到的一個教訓。日後他教書，和學生一起做研究，任務單純，直到九〇年代受派擔任國科會電腦中心主任，才開始接觸領導與管理的皮毛。

在那之前，他沒當過主管，沒學過管理學，也沒有受過訓練，從一張白紙逐步摸索，他自剖：「其實，我沒有什麼統御人心的『密術』或『技巧』，說來滿可笑的，我都用朋友間拜託、互相幫忙，共同把事情局面兜起來，我體會到群策群力，比單打獨鬥要強百倍。」日後他擔任所有的主管職位，都採取這樣的做法。再加上宏碁及Google等企業的前後十二年的歷練，張善政進入政府服務之前，其領導統御早已更上層樓。

五識兼容的跨界人才

從笨拙的建中班長到傑出的領導者，這是張善政的修練。由從政生涯來看，張善政與前閣揆劉兆玄的經歷頗多類同之處，直到今天，張善政在很多關鍵抉擇時刻，都向他請益。

劉兆玄曾多次在演講中提及一個人最重要在於「五識」的培養：知識、常識、見識、膽識、賞識等。特別是「見識」融合了英文的insight與vision。既要能看得遠，又要能看得深、看得透；而「賞識」更難，它不只是文藝涵養，更擴及欣賞競爭者，甚至敵人的胸襟，欣賞從失敗得來的教訓，普通人恐怕要有幾十年的功力才能慢慢體會。

這個五識很少人兼具，其微言大義，需要時間淬鍊、火候成熟才能體會。以「五識」的標準來看，他認為，張善政這五識都在水準之上，是個通達圓融的人才。

他學土木，卻是電腦科技的重度使用者，無形中自然觸類旁通。一九九七年底，他提拔張善政進入國科會企劃考核處，擔任處長，也等於是張善政進入政府體系的開端，一般教授只願意守在自己懂的領域，但張善政願意跳出來，看到政策背後更深沉的影響，「由此可知，他不是一個僵硬固守在自己安全的、專業領域的人，而是一個可以跳到外面，做更大事情的人。」劉兆玄說。

一呼百應，從不讓人失望

張善政的台北辦公室桌上，放著一個叫做「一呼百應」的藝術品，是宏碁創辦人施振榮致贈給特別的朋友。二〇〇〇年，張善政離開國家高速電腦中心，加入宏碁這個大家庭，投身安碁eDC中心的籌備營運，一待長達十年，成為他最長的職涯。這個資料中心不惜血本投資，並不是只有蓋個建築物、伺服器、電腦等硬體，更重要的是它的管理與服務，以及執行出來的安全性、可信度。

施振榮指出，建造data-center簡單，管理data-center則不容易。安碁eDC中心的可信賴度達到近乎頂級的九九．九九九九，「這不是只有設備的可靠而已，而是管理的可靠，這是Simon（張善政之英文名）的功勞。」他說。

之前，施振榮常常帶人來龍潭參觀安碁，張善政不論做簡報，或是實際執行出來的成效，每每都令施振榮深刻感受到：「啊，這個就是台灣所缺的！」

他觀察張善政，凡事按部就班，做事有進度、有方法，尤其他知道如何操兵、貫徹紀律、可以將一座世界級的雲端資料中心，管控得如此完美，他稱讚張善政：「他讓我們信得過，我們交給他的任何任務，他都可以 deliver 出來，從不會失望。」之後，這整套資料中心管理的 Know-how，甚至輸出技轉給其他竹科大廠。

即便張善政跳槽到 Google，施振榮亦滿心祝福，還特贈這件雕塑作品，表彰他對宏碁的貢獻。這群銀光閃爍羽翼豐滿的九隻鵝，為首的那隻，伸長脖子昂首高鳴，其餘八隻面向他同聲應響，共同引頸向前，施振榮以「一呼百應」期許張善政展現領導人的風格。

重視親自溝通

長久以來，台灣的政治人物裡，有的是獨孤求勝的意志強人；有的是依恃家族庇蔭起家的政二代或富二代；也有訴諸民粹的貧戶之子、綁架地方利益的角頭……對比之下，張善政無黨籍背景、無強烈的意識型態，都讓他有別於傳統的政治人物。

張善政的學生、麻省理工學院博士邱仁鈿說：「我三十年前開始跟著張老師學習時，就體認到跨領域的人，非常尊重別人，最大的好處是我們會傾聽。」他記得，年輕的張善政又瘦又高，學長們總說他「玉樹臨風」，「這四個字不是形容他的帥，而是那種總是笑咪咪的、全身散發優雅氣質。」

張善政擔任官員以來，總是親切隨和，不擺架子，更不會因為當上院長，就要人敬畏他。不同於一般首長，張善政的致詞稿、簡報，都由他自己親擬製做，頂多請幕僚們提供正確的事實與數據，其他都是他自己發揮，以致他講話時，總給人一種從容與自信。

他跟幕僚的互動很平等，凡事就事論事，「根本不必擔心跟他講話不得體。他從來沒有任何一次，因為我講什麼話而生氣。」林廣宏說，如果意見好的話，他也很願意採納，而幕僚看到自己的心血在裡面，自然會積極去推動，行政團隊士氣也自然提高。他觀察張善政，學習能力很強，上任一、兩個月之後，他發現不管是政府體制的運作，或是專業背景和其他議題，能幫忙的地方愈來愈少。

張善政鼓勵部屬寫信給他，強調「與院長只有一個鍵盤的距離」，一剛開始，林廣宏有點懷疑，首長都那麼忙，怎麼可能有時間回信給大家？「可是同仁來信，他真的都親回。」

他在任內和幕僚一起開直播，解釋推動政策的起心動念，拉近政府與民眾的距離。或許是教授出身，張善政有很好的溝通表述能力，他可以把深奧的理論、複雜的數學，化繁為簡，不需要公式、術語，讓道理變得平易近人。

很多政治人物看到記者就閃躲，或是遇到電視台現場主播「堵麥」，往往言不由衷說完「謝謝」就閃人，但張善政面對媒體向來坦率，若有記者喊他，他通常會直接走向攝影機，好好將想法陳述清楚，不會打官腔，或挑保險安全的說法回應。有時候甚至記者都覺得他「太直白了」，幕僚反而在一旁提心吊膽，林廣宏說：「我曾經有婉轉的跟他講過，可是他如果變得官腔官調，那就不叫張善政了。」

不設政治、公關幕僚

也因此，張善政雖位居要職，卻沒有找專人刻意維繫媒體關係，拉攏記者，為之歌功頌德；也沒有設立「喬」事情的公關室主任，為他疏通打點、搞選舉。

面對爭議，幕僚會勸他不要站在第一線，爭取迴旋空間，可是張善政還是想要直面火線。比如當他擔任科技政委時，面對中華電信固網「最後一哩路」的租借爭議。第一次，他到現場，就遭到工會包圍舉牌抗議、辱罵、把牌子往他身上丟。他甚至才剛講話就被轟下來。

第二回，他再有機會和中華電信溝通，幕僚問：「上次你被叮得滿頭包，還要再去？」張善政回答：「去啊，他們願意聽，我就去溝通。」之後，張善政反而和中華電信工會「不打不相識」，接觸後，他發現中華電信對工程品質的要求和敬業精神，是其他固網業者所沒有的。若是釋出最後一哩，必須公平合理，搭配完整配套措施，不可貿然進行。

可見，他對自己理念雖有堅持，但並不強推，甚至某種程度可以妥協。即便會遭到反彈或阻力，但是他就是願意試著溝通。去年，花蓮賑災善款分配遭質疑，他被「館長」點名開罵，但張善政卻認為，產業紓困是為維持產業香火，「願意上館長直播節目充分溝通。」

庶民性格，真心做自己

不管職位如何變動，不變的是張善政這個人。幕僚觀察到，甚至他擔任院長的時候，變得更像他自己。因此在救災或是慰問災民時，他可以自然地跳下魚塭細看死魚、擦去傷心母親的眼淚、蹲下來聆聽災民的心聲……只要跟民眾接觸，他自然轉換到自己庶民性格的本質。

為了赴花蓮當假日農夫，他跟所有民眾一樣，經常半夜守在電腦前上網搶票，祕書主動要幫他搞定車票，但他堅決不要，公私界線畫得很清楚。反而他務農有成，還千里迢迢把農穫扛回來送給同仁，很多行政院的幹部都吃過他自己種的香蕉、南瓜、水果。他在實際農務勞做中，對農民的甘苦愈來愈飲水自知，也因搶票的挫折，親身體驗到花東民眾「行」的痛苦，院長任內即責成台鐵購票系統更新。

他的母親失智多年，他像無頭蒼蠅奔波，不因自己是院長，就理所當然以特權為自己謀利，就連送醫需要的救護車、回診的復康巴士他都弄得滿頭包，對於長照及高齡社會各項政策，有痛切之感。

從政委開始，他手上拿的是人家送的陽春公事包，同仁都看不下去，待他快卸任時，辦公室同仁合資買了一個 hugo boss 的公事包給他，結果後來發現他仍繼續拿著舊包趴趴走。

他不是刻意要變什麼「非典型」，他的非典型來自於他的個性，來自於他的背景、人格特質，林廣宏說：「其實，他就是做他自己，一方面顯示他對自己很有自信，另一方面是他無欲則剛，只想用自己的風格從政。」

拋掉意識型態，專注解決問題

當前很多政客忙著揮灑政治香水，讓人亢奮；或是扮演意識型態的吹笛人，蠱惑人心，對比之下，張善政一直以來專注於解決問題，拋掉意識型態的糾纏。

當初南部爆發大規模的登革熱、寒災、農損與地震等災害，有心機的政客可能會想到中央與地方是不同的政黨，行動上可能會保留，但張善政專注在解決問題的本身，而非其後政治效應的算計。全力協助地方度過難關，也使他獲得正面的評價。

或許是工程師個性使然，張善政對於權位本身沒有執念，其成就與滿足來自於把事情做好、做對。「每當我挽起衣袖、專注將難題解決，那種快慰與充實，真是比某個位置、頭銜或虛名，更讓我高興。」他說。

邱仁鈿觀察到，張善政在處理問題上，可以過濾掉很多雜訊，完全抓到重點、留下精髓，「比方一個複雜多方雜沓的事情，經過他的洗刷之後，便可以露出清晰的原貌。每次只要開完會，我喜歡看他如何下結論，看他如何把複雜的問題簡單化。」

然而，張善政絕對不是空談理論的人，而是真正動手做事的領導者。而且愈複雜的問題，愈有挑戰的問題，他做得愈好，邱仁鈿說：「有些老師理論很強，但張老師不只想得細，他可以從無到有自己創造，而且品質都非常高，是真正動手做事的人。我永遠記得他在PS2黑白電腦前，安靜專注寫程式的身影，而且他寫的程式，很美。」

腦筋銳利，心地柔軟

張琦雅說：「土木的訓練既博且精，既宏觀又極微觀。他想事情比我還細，同時標準很高，有點完美主義傾向，很不容易討好他。」但這樣心思細密，又事事追求完美的張善政，心腸也有柔軟的一面。他前前後後收養過多隻流浪狗，有不少是刻意丟到他的果園遺棄的，他曾在臉書記錄過每一隻的相遇、治療、收養故事，也因看牠們健壯而欣喜，或為離散而憂心不已。

現在守在花蓮看家的小黑、小黃，是張善政收留的夫妻檔流浪狗，母狗小黑右眼受傷瞎了，渾身圓滾滾，毛色油亮，被他們暱稱為「瓦斯筒」，結紮後迅速暴肥。牠們平時幫忙顧果園，主人一來就時時搖著尾巴，繞著張善政夫婦興奮討摸。（另類承歡膝下？）

而凡事理性自持的他，也唯獨面對母親會情緒失控。張琦雅透露，他一直都是孝子，過去婆婆健康時，假日他喜歡牽著媽媽去超市買菜；每天上班前，都要到媽媽身邊繞繞，還在她臉頰上親一下，才出門工作。後來婆婆長年失智，張善政身心也備受煎熬，兩年前婆婆仙逝，火化前大斂，夫妻繞棺一圈最後訣別，張善政走到一半，全身震顫慟哭，跪地拜別，最終癱軟倒地，只能由旁人攙扶，「連我也是第一次看到他，怎麼會哭得那麼傷心、脆弱！」張琦雅說。

原來是為人民謀福祉

去年，前行政院長劉兆玄出版科幻政治小說《阿飄》，藉一塊水源保護區土地，刻描出台灣政治巨大黑幕，從土地炒作、盤根錯節的地方利益、乃至民粹的拉鋸……闡述我們以為驕傲的「台式民主」還未成熟，就已經走向崩壞。

所有的讀者對這些情節早就不陌生，如今政治人物信用普遍比衛生紙還薄，臉面卻比犀牛皮厚，當政壇愈來愈傾向娛樂化，檯面上也就愈來愈不缺綜藝丑角，未來似乎難教人樂觀。如果民主是人民的集體創作，這樣的惡果無異於是一種社會「共業」。

因此不難理解，過去對於政治，張琦雅原本是帶著距離感的，畢竟政界牽涉的面向太多，而且很多非理性因素，特別是，張善政上任期間各種大小天災人禍輪流、更迭，根本沒有辦法喘息。然而，張善政對公務的投入與付出，她全看在眼裡，而這些考驗也無形中大大地延展張善政的能耐、潛力及韌性。張琦雅感動之餘，更願意做先生堅實的後盾。

或許西裝筆挺說場面話，張善政還不是那麼在行，但只要回到他的本性，融入了角色，他就能發揮驚人的力量。張琦雅說：「其實，政治是眾人之事的管理，如何將人民的所需、福祉，排定優先次序，助人民安居樂業，這是政府的角色。」

對於張善政的理念與決心以及未來的發展，張家人都一致支持。張琦雅聲音輕柔，緩緩述說：「我當初不知道，後來才意識到，他的名字就叫『善政』啊！我只好在無奈中穿鑿附會，他之所以最後走上政治這條路，原來是命中註定的，因為『善政』，就是為人民謀福祉啊！」

國家圖書館出版品預行編目（CIP）資料

做事的人：張善政的斜槓探索人生／張善政著；吳錦勳採訪撰文. -- 第一版. -- 臺北市：遠見天下文化, 2019.04
面；公分. --（社會人文；BGB472）
ISBN 978-986-479-661-8（平裝）

1. 張善政 2. 臺灣傳記

783.3886　　108004529

社會人文 BGB472A

做事的人

張善政的斜槓探索人生（增訂版）

作者 — 張善政
採訪撰文 — 吳錦勳

總編輯 — 吳佩穎
副總編輯暨責任編輯 — 黃安妮
封面攝影 — 陳之俊
內頁照片 — 張善政提供
內頁設計 — 中原造像・蔣青滿
封面設計 — 三人制創

出版者 — 遠見天下文化出版股份有限公司
創辦人 — 高希均、王力行
遠見・天下文化・事業群　董事長 — 高希均
事業群發行人／CEO — 王力行
天下文化社長／總經理 — 林天來
國際事務開發部兼版權中心總監 — 潘欣
法律顧問 — 理律法律事務所陳長文律師
著作權顧問 — 魏啟翔律師
社址 — 台北市 104 松江路 93 巷 1 號 2 樓
讀者服務專線 —（02）2662-0012
傳真 —（02）2662-0007；2662-0009
電子信箱 — cwpc@cwgv.com.tw
直接郵撥帳號 — 1326703-6 號　遠見天下文化出版股份有限公司

電腦排版／製版廠 —中原造像股份有限公司
印刷廠 — 中原造像股份有限公司
裝訂廠 — 中原造像股份有限公司
登記證 — 局版台業字第 2517 號
總經銷 — 大和書報圖書股份有限公司 電話／（02）8990-2588
出版日期 — 2019 年 4 月 15 日第一版第 1 次印行
2022 年 8 月 19 日第二版第 1 次印行

定價 — NT 450 元
ISBN —978-986-479-661-8
書號 — BGB472A
天下文化官網 — bookzone.cwgv.com.tw

本書如有缺頁、破損、裝訂錯誤，請寄回本公司調換。
本書僅代表作者言論，不代表本社立場。

天下文化

BELIEVE IN READING